中国社会科学院创新工程学术出版资助项目

国际气候变化法框架下的
中国低碳发展立法初探

On the legislation of China's Low Carbon Development
in the context of international climate change framework

何晶晶 ◎ 著

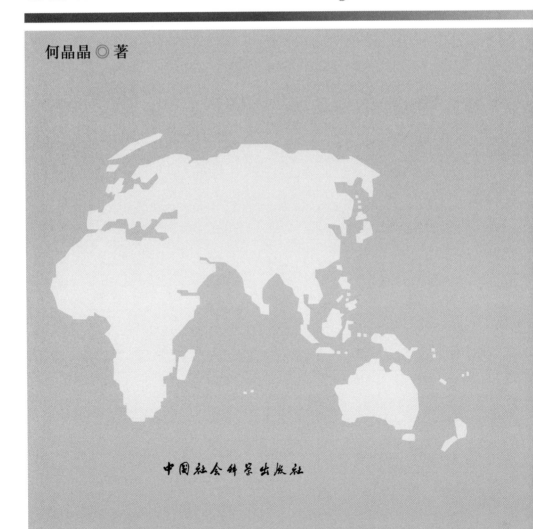

中国社会科学出版社

图书在版编目(CIP)数据

国际气候变化法框架下的中国低碳发展立法初探／何晶晶著.
—北京：中国社会科学出版社，2014.12
ISBN 978 – 7 – 5161 – 5172 – 3

Ⅰ.①国…　Ⅱ.①何…　Ⅲ.①节能 – 经济发展 – 研究 – 中国
Ⅳ.①F124

中国版本图书馆 CIP 数据核字(2014)第 279692 号

出 版 人	赵剑英
责任编辑	许　琳
责任校对	郝阳洋
责任印制	何　艳

出　　版	中国社会科学出版社
社　　址	北京鼓楼西大街甲 158 号
邮　　编	100720
网　　址	http：//www.csspw.cn
发 行 部	010 – 84083685
门 市 部	010 – 84029450
经　　销	新华书店及其他书店

印刷装订	北京市兴怀印刷厂
版　　次	2014 年 12 月第 1 版
印　　次	2014 年 12 月第 1 次印刷

开　　本	710×1000　1/16
印　　张	10
插　　页	2
字　　数	210 千字
定　　价	45.00 元

目　录

导　论

一　研究背景

气候变化问题作为一个具有公共物品性质的全球共同关注问题，只有通过全世界的协同合作才能从根本上解决。《京都议定书》虽然在国际社会通向全球协同应对气候变化努力的道路上迈出了里程碑式的一步，但这只是一个好的开始，它的许多设计上、实施上的局限性使它很难有效引导世界实现"稳定大气中温室气体含量"的长远环境目标。事实上，《京都议定书》的一个被广泛批评的不足就是它没能把世界上最主要的温室气体排放大国包括进来，这使得它较大幅度地减少全球温室气体排放的目标在实践中并不可行。基于这样的国际共识，2012 年的多哈会谈正式开启了全球气候变化条约谈判，旨在到 2015 年形成一个包括世界上大多数国家在内的新的国际气候条约来引导全球的减排事业。然而需要指出的是，未来的国际气候变化协议应该始终坚持"共同但有区别责任原则"和公平原则。只有在充分尊重历史事实的基础上——即发达国家对当前的气候变化危机负主要的历史责任，并客观看待当前世界现实的前提下——即许多发展中国家还没有解决温饱等最基本的生存需求，而且与发达国家相比它们缺乏减排和应对气候变化的能力和资源，只有基于这样的国际共识，一个广泛参与的、高效的、可行的全球应对气候变化法律框架才能真正建立起来。

中国在南非德班会议上所展现出的一个负责任国际大国的姿态在很大程度上帮助德班会谈在最后时刻取得重大进展，会议形成了关于延长《京都议定书》到第二阶段和到 2015 年形成一个把世界上大多数国家包括在内的新的国际气候条约的关键决议。中国对国际气候变化谈判的贡献和为推进全球减排事业所作出的积极努力赢得了全世界的掌声和尊重。然而与此同时应该看到的是，要实现中国对国际社会的减排承诺，中国还需要在许多方面付出巨大的努力。与欧洲、美国等发达国家不同，中国由于刚起步还缺少促进低碳发展所必需的良好的法律和政策体系框架，还没有形成一个健全的碳排放权交易市场，也缺乏如碳税等刺激低碳减排的有效政策。鉴于到2015年中国可能被要求在新的国际条约中承担强制性减排目标所剩的时间已经很有限，中国亟须在政治、经济和法律等各方面做好准备来迎接新的挑战，应对不断增加的国际减排压力和满足国内低碳发展的迫切需求。当然也应该看到，这样的国际和国内压力也是一个促使中国从根本上转变经济发展模式、走上绿色经济发展道路的契机。从法律角度来说，中国需要建立一整套系统、有效的低碳减排法来促进中国的绿色经济发展。在这样的背景下探讨国际气候变化法框架下的中国低碳发展立法设计具有理论和现实意义。

二　研究问题和结构

本书对国际气候变化法框架下的中国低碳发展立法作出了积极探索，试图回答中国在面临国际国内不断增长的减排压力的情形下，如何构建既与国际法接轨、充分体现国际气候变化法精神和原则，又与国内国情相符的有中国特色的低碳发展法律体系，这一具有理论和现实意义的研究问题。

正如本书第一章将要阐述的，有效的国际气候变化制度是多层次的，其中包括国际层面的国际气候变化法和国内层面的国内低碳减排法。一方面国际气候变化法构成了各国国内低碳减排法的国际法框架，国际气候变化法为各国的低碳发展法提出了指导性的、抽象的、纲领性的要求，把国际法的精神和各国国情充分结合来为本国的低碳发展奠定法制基础；另一方面国际气候变化法也依赖于各国的国内立法来推进具体的减排行动和实现全球的减排目标，否则离开国内法支撑的国际气候变化法也很难有效执行。

国际气候变化法提供了我国低碳发展法所要遵循的立法原则和国内立法所要涉及的许多重要概念，而且一些低碳发展领域的国内立法本身就是国际气候变化法的延伸和本土化，如清洁发展机制立法和碳排放权交易立法。因此为了更为有效地探讨中国低碳发展相关领域的立法设计，加深对中国低碳发展法的立法原则和要素的理解，本书把我国的低碳发展立法放在国际气候变化法的框架下来研究。具体来说，我国的国内清洁发展机制立法（第二章）需要充分尊重《京都议定书》的相关法律规定和方法学，才能确保我国的清洁发展机制项目能够顺利开展，并且最终实现与国际清洁发展机制项目市场的对接。我国的碳排放权交易市场（第三章）作为国际碳排放权交易市场的一部分，其立法更是应该遵循国际气候变化法特别是《京都议定书》的相关法律规定，才能最大限度地利用碳排放权交易机制这一有效的市场手段来推进我国的低碳减排。我国的碳税立法（第四章）也需要遵循国际气候变化法的基本原则，并且为了避免"碳泄漏"和碳关税贸易壁垒等问题的出现，我国的碳税法设计和实施都应该在碳税国际协调的框架下进行。低碳农业立法（第五章）涉及许多国际环境法的概念和基本原则，所以也需要在国际气候变化法的大框架下进行研究。

具体到结构，本书第一章先对国际气候变化法进行深入研究，为下面几章相关领域的低碳立法初探提供必要的国际法理论依据，使我国的低碳发展法充分体现国际气候变化法的精神和原则。本书从第二章开始从立法上探讨如何完善中国现有的低碳发展法律体系，为中国应对国际减排压力和适应国内低碳经济发展需求奠定必要的法律基础。由于时间和篇幅有限，本书无法对低碳发展法体系中的所有领域都有所涉及，考虑到中国低碳经济发展的重点和主要的立法不足，笔者重点探讨以下几个方面。

第一，完善清洁发展机制立法。清洁发展机制是《京都议定书》中唯一涉及发展中国家的灵活减排机制，关系到国内碳一级市场的发展。

第二，碳排放权交易机制立法。碳排放权交易机制是通过市场调节来促进碳减排的金融手段（与碳税一起被广泛认为是最有效的两大促进低碳发展的市场手段），关系到中国碳二级市场的发展。

第三，碳税立法。碳税作为有效的财政政策手段和市场激励机制，对引导我国的可持续生产、消费和节能减排有积极的促进作用。

第四，低碳农业立法。低碳农业发展不仅仅关系到国计民生的关键行业，而且与其他行业不同，低碳农业发展不但有利于减排还可以带来"碳汇"效应帮助吸收大气中的二氧化碳。低碳农业的立法可以成为其他行业的立法借鉴，事实上，除了农业外，工业、能源业、交通业和城市化等诸多行业都亟须低碳行业立法来推进其绿色可持续发展，然而由于篇幅有限就不在此书中进行讨论，未来的研究将会进一步探讨这些行业的低碳立法。

需要指出的是本书涉及的不同低碳发展立法领域虽然侧重点不同，但也是紧密相连的，在法律条文内容上需要相互兼容。比如低碳农业立法涉及充分利用清洁发展机制项目、碳税政策和碳排放权交易市场等市场手段来刺激农民自觉采取低碳的农业生产模式，所以在低碳农业立法设计时，要充分考虑清洁发展机制法、碳税法和碳排放权交易法的相关法律条文规定。同样的，不但对农业，这些用以规范不同市场机制的低碳发展法也会对其他行业的低碳发展立法要素设计有影响。这些针对不同市场机制的低碳法之间也有密切联系，比如清洁发展机制法和碳排放权交易法分别针对碳一级市场和碳二级市场，都需要尊重和体现碳市场的发展规律；碳排放权交易机制和碳税作为最为有效的两大促进低碳减排的市场手段，它们本身是各有优缺点、相互辅助的，所以在法律条文规定上也需要避免出现内容相冲突的情形。

三　潜在的研究贡献

从研究领域来看，本书所探讨的低碳减排立法是国内一个新兴的研究领域，目前对这一课题进行深入系统研究的专著还很有限。低碳发展法律体系是中国绿色经济发展所必需的法律基础，然而我国目前还缺少一整套系统有效的低碳法律体系来规范、推动我国的低碳发展，所以本书探讨这一法律领域具有理论和现实意义。

从研究素材来看，本书大量参阅低碳发展法领域的国际最新英文资料，参考西方发达国家关于低碳减排法经验和教训的英文文献，并对大量外文资料进行翻译整理，概括、吸收了国际上最前沿的研究成果。比如，第一章所讨论的国际气候变化法在国内还很少有系统研究，相关的中文文献资料也很有限。本书主要对哈佛大学的"国际气候变化制度"的项目研究报告、联合国环境发展署的报告和政府间气候变化专门委员会（IPCC）报告等英文资料进行了翻译和提炼，其中许多英文文献内容和研究观点反映了国际上最新的研究成果，很可能是在国内被首次使用，这对于丰富这一领域的研究有积极意义。

从研究方法来看，笔者采取中西比较的研究方法，积极调研西方发达国家在当前国际气候变化法背景下为减排所制定的国内法律法规，在比较中借鉴其先进经验。以欧盟和美国为代表的西方发达国家和地区在低碳减排方面已经形成了较为成熟完善的法律体系，对多国的立法实践进行考察比较，有利于本书对中国的低碳发展立法提出较为理性和有针对性的建议。

从研究视角来看，本书透过国际法的视角来探讨中国低碳减排立法设计，把国际气候变化法和国内的低碳发展法做了有机连接，这样的尝试也许对于丰富这一领域的研究会有所裨益。与其他国内法领域不同，国内低碳发展法与国际气候变化法息息相关，笔者认为把低碳发展法放在国际法的框架下研究，这样一种整体性、全局性的研究视角，更有利于较为全面和动态地理解我国的低碳发展的立法原则和要素。

本书通篇主要采用法学的研究方法，但是在第二章笔者尝试着使用本人（和合作者）的经济学研究成果，结合文献研究，来探讨清洁发展机制是否有效。笔者认为这是本书的另外一个潜在创新点，通过把经济学的研究成果运用到法学问题的讨论中，这有利于发挥不同学科的研究优势，较为客观、多角度地论证文章的观点。

由于国内目前此领域的专著非常有限，加之笔者才识有限，不足之处在所难免，恳请读者批评指正。

第一章

国际气候变化法框架体系

第一节 引言

今天的世界正面临着前所未有的气候变化危机的挑战，正如政府间气候变化专门委员会（the Intergovernmental Panel on Climate Change，IPCC）第四次评估报告所指出的，"自从上世纪中期以来，所观察到的全球气候升温主要是由人类活动造成的温室气体排放增加而引起的"，[①] 如果不及时采取行动稳定大气中的碳含量，全球气候变化将很难逆转，会给世界带来一系列灾难性的影响。[②] 气候变化问题的一大特点是，它具有公共物品的性质，属于全球公共问题，因为无论在任何地方的碳排放都会对全球气候变化产生消极影响，而另一方面如果某个国家积极减排，那么随之而来的减排效应也会被全世界分享，而不管其他国家是否分担了减排的成本。[③] 气候变化的这一公共物品特点使得一些国家在温室气体减排问题上"搭便车"，坐享其他国家在温室气体减排上的投资和努力。而对于积极

[①] 参见 IPCC 第四次评估报告《决策者参会纪要》，英文原文："Most of the observed increase in global average temperatures since the mid-20th century is very likely due to the observed increase in anthropogenic greenhouse gas concentrations." Intergovernmental Panel on Climate Change（IPCC），"Summary for Policymakers," in IPCC, *Climate Change 2007: The Physical Science Basis*. Contribution of Working Group I to the Fourth Assessment Report of the Intergovernmental Panel on Climate Change. Cambridge University Press, Cambridge, 2007。

[②] 全球气候变暖会给世界带来一系列消极影响，包括威胁水资源，影响农业和林业的生产，极端天气灾难频发，破坏生态系统平衡，引起稀有物种灭绝，造成海平面上升、冰川溶解以及引起传染性疾病暴发等。

[③] Starvins R. N., "The Problem of the Commons: Still Unsettled after 100 Years", *American Economic Review*（101），2011, pp. 81 – 108.

减排的国家来说，减排所带来的气候变化收益相对于它投入的减排成本来说是不明显的，所以单纯的气候变化回报并没有很强的刺激减排作用。正因为如此，气候变化是一个全球性的问题，需要世界合作才能从根本上解决。具体来说，调动世界各国的积极参与、按照国际气候变化法制定的原则来划分减排责任、制定科学的减排方案、把国家和地区的减排机制有机地连接起来都需要国际合作才能完成。为了实现"全球气候温度上升不超过2℃"的目标，① 建立国际气候变化框架体系来指导全球的协同应对气候变化就具有至关重要的意义。

本章将重点研究国际气候变化法框架体系，包括国际气候变化法的历史发展进程、国际应对气候变化制度结构和未来国际气候制度展望。由于气候变化法是国际环境法的一部分，它采用国际环境法的基本概念，遵循国际环境法的基本原则，为了更好地理解气候变化法，本书把国际气候变化法放在国际环境法的大背景下进行研究。本章将首先对国际环境法进行回顾，阐述国际环境法的来源、基本原则和涵盖的范围，然后再引入对国际气候变化法的深入讨论。当今世界正面临着国际气候变化法框架体系的重新架构，全球正在积极讨论如何到2015年前构建一个包括世界上绝大多数国家在内的"《京都议定书》替代条约"，探讨该如何建立一个科学上可行、经济上能到达低成本减排、政治上吸引多国参加的新的气候变化法框架来指导未来全球温室气体减排行动，在这样的背景下开展本研究具有重要的理论和现实意义。

第二节　国际环境法概述

一　国际环境法回顾

国际环境法相较于其他国际法而言，还是一个新兴的国际法领域，处于不完善和发展阶段。国际环境法可以定义为"为了规范国际法主体（主权国家）在开发环境资源和环境保护过程中形成的国际关系而制定

---

① 2009年，缔约国第十五次大会（COP - 15），也即《京都议定书》第五次缔约国大会（CMP - 5）通过了《哥本哈根协定》，制定了将全球气候温度上升限制到2℃之内的目标。

的一系列法律的总和"。① 国际环境法的起源最早可以追溯到 20 世纪 70年代的联合国人类环境大会，会议形成了著名的《斯德哥尔摩宣言》（The Stockholm Declaration），强调通过国际合作来有效控制、阻止、减少和消除环境恶化影响的重要性。经历了几十年的发展，国际环境法已取得了长足的进步，但也面临着诸多严峻考验。面对日益严重的全球环境污染和气候变化问题，人类如何建立一个真正有效的、系统的、公平的国际环境法体系来保护地球这个人类唯一的家园，成为全球亟待解决的重要问题。

二　国际环境法来源

联合国最高的法律权威机构是国际法院（the International Court of Justice，ICJ），它在国际法发展过程中起着重要作用。根据《国际法院规约》第 38 款（*Statute of the International Court of Justice*，Article 38），② 一共有四个来源被认定为国际（环境）法的传统渊源，即条约、国际习惯、国际法的一般原则，以及司法判决和国际法学家的著述。除了这些传统来源外，没有法律约束力的国际文件（软法）由于它的特殊优势，也可以潜在发展为国际环境法。

（一）条约

条约（treaty）是国际环境法最重要的来源，它为现代国际关系设立框架。条约的法律起源可以回溯到《维也纳公约》（*the Vienna Convention on the Law of Treaties*）。1969 年的《维也纳公约》也被称之为"关于条约法的条约"（the treaty on treaty law）。《维也纳公约》将条约定义为"国家间达成的书面的国际协定，具有国际法约束力，可以体现在一个文件中或是多个相关的文件中，而不管采用什么样的名称"③。

---

① 秦天宝：《国际环境法基本原则初探》，《法学》2001 年第 10 期。

② 《国际法院规约》第 38 款的英文原文如下："The Court, whose function is to decide in accordance with international law such disputes as are submitted to it, shall apply：a. international conventions…b. international custom…c. the general principles of law recognized by civilized nations…d. judicial decisions and the teachings of the most highly qualified publicists of the various nations…"

③ "An international agreement concluded between states in written form and governed by international law, whether embodied in a single instrument or in two or more related instruments and whatever its particular designation."

不管具体采用什么样的名称，只要符合上述定义的国际共识就可以被认定为条约。条约是一个统称，具体可以包括公约（convention）、协定（agreement）、条约（pact）、议定书（protocol）、宪章（charter）、法令（statute）、协约（convent）、约定（engagement）、协议（accord）和谅解备忘录（Memorandum of Understanding）。条约的一个特点是，它只对条约签约国有法律约束力。

（二）国际习惯

国际环境法的另一个主要来源是国际习惯（Customary International Law），事实上，在国际条约达到今天的重要地位之前，国际习惯是国际法的最重要来源。一旦习惯法的一个规则被认可，它就对各国都具有法律约束力，因为它被认定为具有约束力的行为规则。习惯国际法的一个例子是 1948 年的《国际人权宣言》（Universal Declaration of Human Rights），宣言的条款在颁布之初并没有强制性的法律约束力，但是现在《国际人权宣言》被普遍认为获得了习惯国际法的法律地位。在法律约束力方面，条约国际法和习惯国际法是一样的；在法律适用范围上，习惯国际法被认为具有更大的范围，因为条约国际法的法律约束力只能适用于条约的签约国，而习惯国际法的法律效力则对所有国家适用。

（三）国际法的一般原则

国际环境法的第三个来源是法律的一般原则（General Principles of International Law），这些基本原则既包括国际法的一般原则（principles of the international legal system），也包括在国家法中普遍采用的基本原则（principles of domestic law）。国际法院有时会借鉴国内法的原则来发展出一个合适的国际法规则，国际环境法的一般原则将在下一节详细讨论。国际法的一般原则作为国际法来源的一个例子是，1996 年国际法院判决阐述人权法规则的马尔顿条款（Martens Clause）同样适用于规范原子能武器使用的国际法。[①]

（四）司法判决和国际法学家的著述

司法判决（Judicial Decisions）和国际法学家著作（Qualified Teaching）构成了国际环境法的第四个潜在来源，它们为制定法律规则提供了

---

① 参见 Meron T. , "The Martens Clause, Principles of Humanity, and Dictates of Public Conscience", *The American Journal of International Law*, 2000 (94), pp. 78 - 89。

辅助手段。如果没有相关的条约、习惯国际法或是没有适用的国际法一般原则来规范某一领域的问题的情况下，国际法院本身以及其他国际法庭的判决就会被考虑。高质量的法学著述一方面来源于国际知名的国际法学术杂志、书籍等出版物；另一方面来源于由联合国大会成立的国际法律委员会（the International Law Commission）①，委员会的主要职责是推动国际法的发展和法典编纂。

（五）没有法律约束力的国际文件

现代国际环境法的一个特点是除了有法律约束力的国际公约、协定外，它还包含没有法律约束力的国际文件（non-binding international instruments），这类国际文件也被一些学者称之为"软法"，这一概念是相对于国际条约等具有法律约束力的"硬法"而言的。"软法"的优点在于它的使用能使谨慎的国家更容易就共同的目标达成共识，能促使那些国家承担在约束性法律（"硬法"）情形下不愿承担的义务。② 考虑到国际（环境）法与国内法相比缺乏直接的立法机构，而当今世界各国的政治、经济和文化背景以及利益如此不同，要想就环境问题达成国际共识并形成有强制性的法律规则是非常不容易的，所以从这方面来看，软法具有它特殊的优势和贡献。从未来发展来看，许多"软法"中采用的原则也逐渐发展为具有法律约束力的国际条约和习惯国际法的规则。

三　国际环境法基本原则

国际环境法的基本原则主要是在两个重要的联合国大会上确立的，即1972年的联合国人类环境大会和1992年在里约热内卢召开的联合国环境和发展大会（UNCED）。③ 这两个大会通过的《斯德哥尔摩宣言》和《里约宣言》（*Rio Declaration*）宣告了国际环境法的一系列原则，这些原则已经被联合国大会批准采用，它们连同关于环境保护的数百个国际协定被广泛认为奠定了国际环境法的基础。国际环境法的这些原则也构成了气候变

---

① 国际法律委员会是在1947年成立的，委员会的34个成员由联合国大会选举产生，每一届任期五年，他们都是凭借个人能力而入选委员会的，而非政府的代表，他们的主要工作是为国际法的一些议题起草法案。

② 参见那力、王彦志、王小钢译著《国际法与环境》，高等教育出版社2007年版。

③ Sands P. , *Principles of International Environmental Law*, Cambridge University Press, 2003.

化法的基本原则，广泛体现在国际气候变化条约中。

（一）可持续发展、一体化和相互依赖原则

可持续发展、一体化和相互依赖原则（sustainable development, integration and interdependence）是国际环境法中的一个重要基本原则。尽管对"可持续发展"这个概念的定义有不同的版本，但是目前国际社会普遍采用的是在1987年发布的环境与发展大会报告《我们的共同未来》（*Our Common Future*）中的定义，① "可持续发展是既满足当代人需求又不损害子孙后代利益的发展模式"。② 可持续发展原则的要素主要体现在联合国环境与发展大会通过的《21世纪议程》和《里约宣言》，以及之后形成的国际文件中。《里约宣言》第4条原则（Principle of 4）指出："为了实现可持续发展，环境保护应该成为发展过程中不可分割的一部分……"《里约宣言》第25条原则（Principle of 25）规定："和平、发展和环境保护是一体化和不可分割的。"

1995年的《哥本哈根宣言》第6条更为明确地阐述了一体化和相互依赖的概念，《宣言》指出"经济发展、社会发展和环境保护是可持续发展的三个相互依赖、相互促进的组成部分……"2002年的约翰内斯堡的《可持续发展宣言》（*Johannesburg Declaration on Sustainable Development*）第5条重申了可持续发展一体化的原则，"我们有共同的责任在地方、国家、区域和全球层面上来推进和加强可持续发展的三个相互依赖和相互促进的组成部分（经济发展、社会发展和环境保护）"。在国际层面，可持续发展一体化的概念展现了国际社会把环境保护放在国际关系的核心位置的努力；在国内层面，把环境保护和其他发展政策融合在一起考虑已经成为一种被立法和行政机构采用的程序规则，而且可持续发展一体化也成为许多国家制定国策时的根本性的前提原则。

（二）代际公平和代内公平原则

公平的原则对于实现可持续发展至关重要，它包含两个层面，一个是代际公平，指的是子孙后代有权利与当代人一样合理使用地球公共的遗产资源；另一个是代内公平，指的是当代的每个人都有平等的权利使用当代

---

① World Commission on Environment and Development, *Our Common Future*, Oxford University Press, 1987.

② 英文原文是"development that meets the needs of the present without compromising the ability of future generations to meet their own needs"。

人有权享用的那一部分地球资源。①

代际公平强调的是我们这代人有责任保证我们的子孙后代也能同样享有地球的资源，这一原则在多个国际文件中得以体现，比如在上一节引用的布伦特兰环境与发展大会报告中关于可持续发展的定义和 1992 年的《里约宣言》第 3 原则关于"发展权要满足当代人和子孙后代的发展和环境需求"的论述。代内公平强调的是社会公平"social justice"，正如《里约宣言》第 5 原则所阐明的，"为了更好地满足世界上绝大多数人的利益，减少生活条件的差异，全世界都应协同努力来消除贫困，这也是实现可持续发展的必要前提"。②

（三）跨境损害责任原则

由于环境问题包括温室气体排放和空气污染等问题往往很难仅限于一国境内，所以跨境损害原则（Responsibility for Transboundary Harm）对于处理国际环境法问题很有针对性。《斯德哥尔摩宣言》第 21 条原则和《里约宣言》第 2 条原则指出，根据联合国宪章和国际法的原则，主权国家有权利在它主权境内根据本国的环境政策开发使用当地的自然资源，但是它同时有义务确保发生在本国境内的活动不会对其他国家的环境带来损害。③ 这一原则一方面赋予了主权国家开发本国自然资源的权利；另一方面国际法又对这一权利加上了限制性的条件，即不能对别国的环境带来损害。在这里跨境损害责任原则所指的环境，不仅包括陆地环境，还包括主

---

① 参见 Kurukulasuriya L. and N. A. Robinson, *Training Manual on International Environmental Law*, UNEP。

② 《里约宣言》第 5 原则关于代内公平原则阐述的英文原文如下："All States and all people shall cooperate in the essential task of eradicating poverty as an indispensable requirement for sustainable development, in order to decrease the disparities in standards of living and better meet the needs of the majority of the people of the world."资料来源：参见联合国环境署官方网站：http://www.unep.org/ Documents. Multilingual/Default. asp? documentid = 78&articleid = 1163，最后访问日期：2013 年 7 月 16 日。

③ 《斯德哥尔摩宣言》第 21 条原则和《里约宣言》第 2 条原则的英文原文基本一样，只是《里约宣言》第 2 条原则把《斯德哥尔摩宣言》第 21 条原则中的"environmental policies"变成了"environmental and developmental policies"。《斯德哥尔摩宣言》第 21 条原则的英文原文如下："States have, in accordance with the Charter of the United Nations and the principles of international law, the sovereign right to exploit their own resources pursuant to their own environmental policies, the responsibility to ensure that activities within their jurisdiction or control do not cause damage to the environment of other States or of areas beyond the limits of national jurisdiction"。

权领土上方的大气层、疆土连接的大海和外太空等区域。

（四）公开透明和公众参与原则

信息公开透明对于鼓励公众参与和实现可持续发展的目标具有重要意义。公众参与和信息公开透明的原则（Transparency and Public Participation）充分体现在 1992 年《里约宣言》第 10 条原则，"环境问题需要公众的广泛参与才能得到最好的解决。在国家层面，每个公民都有权获得政府机关所掌握的有关环境的信息，包括有关他们生活社区的环境污染情况信息，并且公民应该被赋予机会参与到相关的决策过程中。国家应该采取措施使公民能够容易地获取环保方面的信息，来增加公众认识和调动公民的参与积极性。国家还需要让公众能够较容易和有效地诉诸司法和行政的纠正和补偿程序来维护公民的正当环境权益"。① 公众参与是实现可持续发展和建成有效的（effective）、透明的和负责的政府管理的一个重要前提。为了在可持续发展的过程中实践这一原则，国家需要保护公众的自由发表言论和及时获取环境信息的人权，而且还需要赋予民众为保护环境权益诉诸司法和行政程序的渠道。

（五）共同但有区别责任原则

共同但有区别责任原则（Common But Differentiated Responsibilities）一方面强调国际合作的重要性；另一方面承认发达国家和发展中国家在全球环境污染和气候变化等问题上的历史责任不同。这一原则对于如何划分国际合作（global partnership）中发达国家和发展中国家在环境保护和应对气候变化的责任和义务方面有重要的指导作用，事实上《京都议定书》等国际条约在发达国家和发展中国家的减排责任的分配问题上都遵循这一原则。鉴于这一原则体现了对历史客观事实的尊重和在处理国际关系问题上的公正性，笔者认为无论"后京都议定书时代"的国际气候变化框架如何构建，共同但有区别责任原则也是要始终坚持的。《里约宣言》第 7

---

① 《里约宣言》第 10 条原则的英文原文如下："Environmental issues are best handled with the participation of all concerned citizens, at the relevant level. At the national level, each individual shall have appropriate access to information concerning the environment that is held by public authorities, including information on hazardous materials and activities in their communities, and the opportunity to participate in decision-making processes. States shall facilitate and encourage public awareness and participation by making information widely available. Effective access to judicial and administrative proceedings, including redress and remedy, shall be provided".

条原则明确阐述了这一原则，它指出："主权国家应该基于国际合作的精神，为保护地球生态环境的健康和完整协同努力。鉴于对全球环境污染的历史责任不同，各国应该对全球环境问题负有共同但是不同的责任。考虑到发达国家对全球环境带来的压力和他们手中所掌握的科技和金融资源，他们应该在全球实现可持续发展目标过程中承担更多的责任。"① 基于共同但有区别责任原则的精神，发达国家有义务帮助发展中国家开展环境保护的努力，帮助它们实现可持续发展的目标。具体来说，发达国家的帮助可以采取经济援助和环保技术的转让等形式。

（六）风险预防原则

风险预防原则（Precaution）对于保护环境有非常重要的作用，也因此是国际环境法中最经常使用的原则之一。然而与此同时，由于对预防原则准确含义和对于它的法律地位的不同理解，以及对这一原则可能被滥用的担心（比如处于贸易保护主要目的的滥用），这一原则也是争议最多的国际环境法原则之一。② 目前国际上最普遍使用的对预防原则的阐述是《里约宣言》第15条原则，它指出："为了保护环境，主权国家应该根据他们的能力广泛采取预防性的措施。当出现对环境的严重威胁或是可能对环境带来不可逆转的损害时，缺少科学的证实不能成为理由来推后采取有效措施防止环境恶化。"③ 预防原则也被广泛运用于国际气候变化条约中，其中1992年的《气候变化公约》（Climate Change Convention）的第三条款采用了一种以行动为主导的方式来强调防患于未然的重要性，它指出"所有缔约方都需要采用预防性的措施来

---

① 《里约宣言》第7原则英文原文如下："State shall cooperate in a spirit of global partnership to conserve, protect and restore the health and integrity of the Earth's ecosystem. In view of the different contributions to global environmental degradation, States have common but differentiated responsibilities. The developed countries acknowledge the responsibility that they bear in the international pursuit of sustainable development in view of the pressures their societies place on the global environment and of the technologies and financial resources they command"。

② Applegate J. S., The Taming of the Precautionary Principle, *William & Mary Environmental Law and Policy Review* (27), pp. 12 – 78, 2002.

③ 《里约宣言》第15条原则英文原文如下："In order to protect the environment, the precautionary approach shall be widely applied by States according to their capabilities. Where there are threats of serious or irreversible damage, lack of full scientific certainty shall not be used as a reason for postponing cost-effective measures to prevent environmental degradation"。

预期、阻止和减少气候变化的根源，并且缓解气候变化的不利影响……"① 第 3 条款的下一句和《里约宣言》第 15 条原则几乎是一样的。

（七）损害预防原则

实践和科学理论都显示因为生态环境和经济的原因，环境损害预防原则是解决环境问题的黄金法则。一方面从环境角度来说，许多环境损害是无法弥补的，比如生态物种的灭绝和海岸、土壤的腐蚀。另一方面从经济角度来说，即便一些环境损害可以弥补，但是重新修复环境的成本非常高。因此在国际环境法中遵循损害预防原则有重要的现实意义。与跨境损害原则不同的是，这一原则要求法律主体不能损害环境，不管是本国境内还是别国的环境。损害预防的概念包含多种法律机制，包括对环境损害的事先评估、授权采取行动和采取措施。国际气候变化条约中的温室气体排放限额规定体现的就是损害预防原则。

损害预防机制还包括监控、公布和信息交流，这种机制在现代的国际环境法条约中普遍使用。比如，《联合国海洋法公约》（*the United Nations Convention on the Law of the Sea*）要求"国家有义务向彼此交换关于环境风险的信息……这是一个预防对海洋环境的污染的根本原则"。1997 年的《联合国关于非航行使用国际水域公约》（*the United Nations Convention on the Law of the Non-Navigational Uses of International Watercourses*）是另外一个运用损害预防原则的国际环境法，它要求"所有拥有国际水道的国家采取防范措施防止海洋生物进入国际水道中，以避免对水道周围的生态环境带来损害，避免对其他水道国家的环境的侵害"。②

（八）污染者付费原则

《里约宣言》第 16 条原则明确阐述了污染者付费原则，"国家政府机构应该努力促使环境成本内在化，积极利用经济手段保护环境，在原则上

---

① 《气候变化公约》第 3 条款的第 1 句英文原文如下："The parties should take precautionary measures to participate, prevent or minimize the cause of climate change and mitigate its adverse effects…"

② 《联合国关于非航行使用国际水域公约》关于损害预防机制的英文阐述如下："…take all measures necessary to prevent the introduction of species, alien or new, into an international watercourse which may have effects detrimental to the ecosystem of the watercourse resulting in significant harm to other watercourse states"。

使污染者承担污染费用，保护公共利益，但又不扭曲正常的国际贸易和投资"。① 按照污染者付费原则，经济活动的环境成本包括预防潜在环境损害的成本和治理环境污染的成本，都应该被内部化，而不是转嫁给整个社会。这一原则是为了鼓励对稀有环境资源的合理利用，在国内法层面和国际法层面都得到了广泛应用。在这里，对"污染者"的理解可以是多方面的，既可以是产品的生产商，也可以是产品的消费者，他们为商品付出了更高的价钱来承担为了使产品不损害环境所增加的生产成本。这一原则涉及的环境成本包含预防、控制和减少环境污染的措施。许多国际环境法条约都采用污染者付费原则，比如 1992 年的《波罗的海海洋环境保护公约》（the 1992 Convention on the Protection of the Marine Environment of the Baltic Sea Area）和 1992 年的《东北大西洋海洋环境保护公约》（the 1992 Convention for the Protection of the Marine Environment of the North-East Atlantic）。②

（九）人类共同遗产和共同关注原则

"人类共同遗产"和"人类共同关注"（Common Heritage and Common Concern of Humankind）这两个概念反映了国际社会对环境资源和人类发展紧密相连的关系以及环境问题需要全球合作解决的不断认识。地球自然环境资源是全人类共同的财产，因而保护自然环境——包括气候系统和生态系统——是全世界需要共同关注的问题。人类共同关注原则包含了两层意思，一方面是世界各国的经济活动都不应对全人类共有的自然环境（包括大气）造成损害；另一方面是世界各国要协同分担责任来解决人类共同关注的环境问题。另外，外太空、天体、海底和大陆架等虽然超出了各国的主权控制范围，但是也被普遍认为是全人类的共同遗产而需要全球的共同关注和维护。

---

① 《里约宣言》第 16 条原则的英文原文如下："Natural authorities should endeavor to promote the internalization of environmental costs and the use of economic instruments, taking into account the approach that the polluter should, in principle, bear the cost of pollution, with due regard to the public interest and without distorting international trade and investment"。

② 《东北大西洋海洋环境保护公约》第 2 条款指出："所有的签约方需要遵循：……污染者付费原则，因此预防、控制和减少环境污染措施所带来的成本由污染者负责。"英文原文如下："The Contracting Parties shall apply: …the polluter pays principle, by virtue of which the costs of pollution prevention, control and reduction measures are to be borne by the polluter"。

（十）良好治理的原则

"良好治理"（Good Governance）这一概念是最近才发展起来的，它反映了国际社会对于透明、负责和诚实的管理模式对实现可持续发展目标的重要性的认可，以及对腐败对于公众信任度、经济效率、政治稳定和可持续发展的破坏性影响的不断认识。这一原则表明主权国家和国际机构都应该：（1）采取民主、透明的决策程序和财政负责制度；（2）采用有效措施来防止政府和其他机构的腐败；（3）尊重程序和依法治理；（4）保护人权；（5）确保政府采购过程的透明和廉洁。良好治理原则不仅指的是民间社会有权享有政府机构和国际机构的好的治理，还指企业和非政府组织（NGOs）也要保证内部采取民主程序和对外负责任的行事方式，承担企业、组织的社会责任。良好治理原则对于实现可持续发展和对国际环境法的制定以及执行都有重要意义，正因为如此，联合国千年发展目标的第八大目标（Goal 8 of the Millennium Development Goals）——即开展国际合作来实现发展的目标，把良好治理作为其中的一个子目标（第十二子目标，target 12）"建立一个公开、遵循规则、可预测的、公正的交易和金融系统。包括在国际和国内层面上致力于形成良好管理、推动发展和消除贫穷"。[①]

四　国际环境法的领域

国际环境法涵盖所有主要的环境领域，它的立法领域涉及空气污染、臭氧层破坏、全球气候变化、有害废弃物、化学品污染、海洋污染、野生物种保护、生物多样性保护、生物安全、淡水资源保护、沙漠化、山脉、森林和极地生态系统保护。同时国际环境法还包括规范人与环境关系的一系列法律，如人权和环境、贸易和环境、可再生能源。由于国际环境法是动态的、与时俱进的，可以预见的是，伴随人类生产发展的需要，国际环境法涉及的领域会更多，法条规定也会更系统、科学、细致。

（一）跨境空气污染

空气污染主要是由有害气体造成的，会对人类健康、建筑物、生态系

---

① 联合国千年发展目标第八大目标第十二子目标的英文原文如下："Develop further an open, rule-based, predictable, non-discriminatory trading and financial system. Includes a commitment to good governance, development, and poverty reduction-both nationally and internationally"。

统和整个环境带来损害。以 1979 年的《日内瓦远距离跨境空气污染公约》(*The Geneva Convention on Long-range Transboundary Air Pollution*, LRTAP) 为代表，国际社会形成了一系列预防、监控和减少跨境空气污染的国际环境法条约。按照《日内瓦远距离跨境空气污染公约》的定义，"远距离跨境空气污染指的是空气污染的来源全部或是部分处在一个国家的管辖范围内，而对另一个主权国家区域造成不利影响……" 二氧化硫 (SO_2) 和氮氧化合物 (NO_x) 是最主要的大气有害气体，[①] 也是酸雨的主要来源，除此之外空气污染还包括粉尘污染和烟雾污染。

(二) 臭氧层破坏

地球的大气层由三部分构成，即对流层、平流层和电离层。高达 90% 的臭氧都存在于平流层，所以平流层的臭氧也被称为臭氧层 (ozone layer)。臭氧层能吸收掉来自太阳的绝大多数有害的紫外线辐射，对保护人类健康和环境起着非常重要的作用，所以也被称为地球的紫外线辐射保护屏。然而自从 20 世纪 70 年代开始，科学家发现平流层的臭氧被大规模破坏，特别是 1985 年在南极洲上空发现了臭氧空洞 (ozone hole)，随后又在几乎所有的大洲都发现了臭氧层破坏的现象。[②] 鉴于控制臭氧破坏不是某一个国家可以做到的，所以它是一个全球共同关注的问题，需要在有效的国际环境法的框架下通过全球协同合作来解决。1987 年形成的《关于破坏臭氧层物质的蒙特利尔议定书》(*the 1987 Montreal Protocol on Substances that deplete the Ozone Layer*, *Montreal Protocol*) 是国际社会形成的一系列逐步淘汰破坏臭氧层物质的国际条约中最具代表性的，《蒙特利尔议定书》取得了非常好的实施效果，是国际环境法发展过程中的一个里程碑，有效地调动了全球大多数国家的积极性来广泛参与到控制臭氧层破坏，这一全球共同关注的问题，在谈判、立法和实施过程中的许多做法对

---

① 为了控制二氧化硫和氮氧化合物的污染，在 LRTAP 的基础上国际社会还达成了包括 1994 年的《进一步减少二氧化硫的远距离跨境空气污染议定书》(*the 1994 Protocol to the 1979 Convention on Long-Range Transboundary Air Pollution on Further Reduction of Sulphur Emissions*) 和 1998 年的《关于控制氮氧化物排放的远距离跨境空气污染议定书》(*the Protocol to the 1979 Convention on Long-Range Transboundary Air Pollution concerning the Control of Emissions of Nitrogen Oxides*) 在内的议定书。

② 科学表明人类生产的化学物质特别是含氯氟烃，是造成臭氧层破坏的主要诱因，这些化学物质被广泛使用在溶剂、泡沫、空调和冰箱等产品中。

以后的国家环境法特别是气候变化法具有重要的借鉴意义。

（三）全球气候变化

关于全球气球变化问题的国际环境法讨论，本书将在下一节重点阐述，在这里就不再赘述。

（四）有害废弃物

国际环境法把有害废弃物定义为对人类健康和环境带来损害的废弃物。由于发达国家对于有害废弃物排放有较严格的规范，而且处理有害废弃物的成本也较高，这就催生了一些不法商人把有害废弃物从发达国家转运到发展中国家的"贸易"，这些"进口"的有害废弃物对当地人民的健康和环境带来了损害。① 《关于控制有害废弃物跨境转移和处理的巴塞尔公约》（*Basel Convention on the Control of Transboundary Movements of Hazardous Wastes and Their Disposal*）是严格控制有害废弃物跨境转移的最重要的国际环境法，它的目的是保护人类健康和环境不受有害废弃物的危害，为了实现这一目标，公约采取了三大措施：1. 严格控制有害废弃物的跨境转移；2. 以环保的方式处理废弃物；3. 在国际和国内层面实施公约的各项条款。

（五）化学品

化学品在日常生活和工业中有广泛用途，比如农业的杀虫剂对提高农业产量有积极作用，但是化学物质一旦被排放到自然环境中，它会存在很多年，给人类健康和生态环境带来长期的不利影响。随着国际社会对化学品危害性的不断认识，为了规范化学品使用而颁布的国际环境法包括：1976 年的《潜在有毒化学物质的国际注册》（*the International Register of Potentially Toxic Chemicals*）和 1998 年的《关于国际贸易中针对某些有害化学品和农药事先达成统一程序的鹿特丹公约》（*Rotterdam Convention on the Prior Informed Consent Procedure for Certain Hazardous Chemicals and Pesticides in International Trade*）。

（六）海洋污染

海洋在整个地球生态系统中发挥着重要的生态功能，它是海洋动物、植物和微生物的家园，与人类的生产生活息息相关，海洋渔业也是许多国

---

① 发展中国家从"洋垃圾"的贸易中获得经济收益，但是很多时候并不清楚这些进口废弃物的有害性，也没有能力安全地处理这些有害废弃物。

家的支柱经济产业。然而由于人类直接或间接的活动，世界上的大海和大洋出现了不同程度的污染。海洋污染的主要来源可以分为陆地来源（占海洋污染总量的82%）、轮船来源（占海洋污染总量的9%）、在海洋中倾倒废弃物（占海洋污染总量的8%）和海上活动（占海洋污染总量的1%）。针对不同的海洋污染来源，国际社会达成了多个国际环境公约来控制海洋污染，具有代表性的公约是：1974年的《关于预防陆地污染源造成的海洋污染公约》（*Convention for the Prevention of Marine Pollution from Land-Based Sources*）、1954年通过的《关于预防由石油泄漏造成的海洋污染国际公约》（*the International Convention for the Prevention of Pollution of the Sea by Oil*）和1972年通过的《关于预防废弃物和其他物质倾倒引起的海洋污染公约》（*Convention on the Prevention of Marine Pollution by Dumping of Wastes and other Matter*）。

（七）野生物种保护

野生物种是人类共同的自然遗产，需要全世界协同合作来保护野生动物的安全。从法律角度，国际社会形成了诸多国际环境法文件，从不同角度保护野生物种，其中最具影响力的法案包括：1979年形成的《保护迁徙类野生动物公约》（*the Convention on the Conservation of Migratory Species of Wild Animals*）、1973年的《关于遏制濒危野生动植物国际贸易的公约》（*the Convention on International Trade in Endangered Species of Wild Fauna and Flora*）和1972年的《世界遗产公约》（*the World Heritage Convention*）。

（八）生物多样性

生物多样性通常可以理解为植物、动物和微生物的多样化，它被认为是不可再生的资源，一旦某一物种消失，就不可替代或无法通过现代技术再生，因此生物多样性是极为珍贵的资源。生物多样性的丧失会使生态系统不稳定并且会削弱生态环境应对自然灾害的能力。为了推动全世界共同努力来保护生物多样化，国际社会形成了一系列保护生物多样性的法律文件，其中最著名的是1992年通过的《生物多样化公约》（*the Convention on Biological Diversity*）。这一公约的先进性在于，它是第一个从整体的视角（holistic）、以生态环境为导向的方式来保护生物多样性和可持续性的国际环境法条约。需要指出的是，这里的生物多样性的保护还包括海洋生物多样性的保护以及可持续渔业的保护。

（九）生物安全

随着生物技术的迅猛发展和现代生物技术在人类生产领域的广泛运

用，生物安全逐渐成为国际社会普遍担心的问题。特别是在农业等领域采用的转基因生物技术（Genetically Modified Organisms，GMOs/ Living Modified Organisms，LMOs），虽然有诸如增加农业产量和减少农民对农药、化肥的依赖等好处，但是针对转基因产品的安全性和转基因生物对环境的影响国际社会目前还有很大争议。为了确保生物安全，国际社会在 2000 年通过了以《关于生物安全的卡塔赫纳条约》（the Cartagena Protocol on Biosafety）为代表的诸多规范生物技术使用的国际环境法。

（十）淡水资源保护

水对于人类和其他生物的生存必不可少，对淡水资源的保护（freshwater resources protection）不应仅限于规范水资源的利用和减少水污染，还应包括保护水资源赖以存在的整个生态系统。国际社会对淡水资源不足的担忧主要是由于一方面人类经济活动和快速的人口增长对水资源的需求不断增大；另一方面环境污染影响了实际可饮用的水资源量，而且同时气候变化也会影响水资源储备。在 2000 年召开的千年峰会（the Millennium Summit），联合国大会通过"千年宣言"（the Millennium Declaration），它的第 55 条决议（Resolution 55）强调，到 2015 年要使世界上没有持续安全饮用水来源的人口减少一半。千年宣言的第 23 节条款（Paragraph 23）指出要"停止减少水资源的不可持续使用……"除了规范淡水使用和防止淡水污染的国际法，国际社会还形成了指导国际河水水域使用的国际环境法。①

（十一）沙漠化

土地沙漠化指的是土地的生物活性和土地生产力下降或失去的一种土地恶化现象，主要是由于人类过分依赖和过分使用/不当使用本身就很脆弱的土地，如旱地造成的气候变化也是一个重要的诱因。土地沙化现象在世界上大多数地区都存在，给农业生产和人类的正常生活带来很多不利影响，为了解决这一全球性的问题，国际社会制定了不少有法律约束力和没有法律约束力的国际法文件，为遏制沙漠化现象和减少干旱的不利影响制定应该遵循的原则和规定。这其中有代表性的国际环境法条约是 1994 年的《关于减少正在经历严重干旱和沙漠化现象的国家的沙漠化问题公约》

---

① 如 1997 年的《联合国关于非航行使用国际水域公约》（United Nations Convention on the Law of the Non-Navigational Uses of International Watercourses）。

(*the United Nations Convention to Combat Desertification in Countries experiencing Serious Drought and/or Desertification*)。

（十二）山脉、森林和极地生态系统

山脉、森林和极地生态系统所涵盖的领域通常与政治性的主权国家疆域不相重叠，这就使得保护生态系统的努力有可能和国家对其疆土和自然资源的主权利益相冲突。为了解决这一难题，国际环境法发展出了可持续发展原则和预防原则等来指导生态系统的保护和管理。除了这些国际环境法原则和概念，国际社会还形成了一套保护生态系统的国际法条约。比如，旨在保护山脉生态系统的《保护阿尔卑斯山公约》（*The Convention on the Protection of the Alps*）、保护森林生态系统的《热带木材国际条约》（*the International Tropical Timber Agreement*）以及保护南极洲生态系统的《南极条约》（*the Antarctic Treaty*）。

（十三）人权与环境

人权和环境紧密相连，人类具有享有干净、健康环境的人权，然而现在每年都有超过 200 万人口死于由环境污染引发的疾病，环境恶化对人类生活质量和其享有的人权都造成了严重危害，特别是社会中的弱势群体更容易成为环境恶化的受害者。把环境的问题从人权角度来探讨具有进步意义，一些环境学家发展出环境权的概念来作为人权的一部分，它包括人类享有干净的水、食物和健康的生存权，还有获取环境信息的信息权、公众参与到当地环境相关问题决策过程的参与权以及诉诸司法和行政程序来获取环境补偿的权利。[1] 在包括 1972 年的《斯德哥尔摩宣言》和 1992 年的《里约宣言》（第 10 原则）等在内的诸多国际环境法文件中都体现了环境人权的内容。

（十四）贸易与环境

环境和贸易之间存在紧密而又复杂的关系，一方面国际贸易可能会对环境产生不利影响，[2] 而环境保护措施也可能会与自由贸易原则相冲突，

---

① 关于更多环境人权的信息，参见地球之友网页（Friends of the Earth）：http://www.foei.org/en/get-involved/take-action/solidarity-work/environmental-rights-are-human-rights。

② 一些学者指出，国际贸易在一定程度上加剧了环境的恶化，因为一方面自由贸易促进了全球经济发展和随之增加的自然资源消耗，从而加重了自然环境的负担；另一方面还存在野生动物买卖、有害废弃物跨境转移和不可持续地开采热带木材等非法贸易。

特别是一些环保措施涉及禁止某些产品的国际贸易或涉及绿色贸易壁垒。[1] 但同时这两方面又是可以相互共存和彼此促进的。旨在促进环境和贸易协调发展的国际环境法条约包括，1992 年的《21 世纪议程》、1992 年的《里约宣言》第 12 条原则、1998 年的《关于国际贸易中针对某些有害化学品和农药事先达成统一程序的鹿特丹公约》和 2000 年的《关于生物安全的卡塔赫纳条约》。

　　世界贸易组织（WTO）经过多年的发展已经形成了一个比较成熟的国际法规体系。然而，一直到最近几年世界贸易体系的国际法规条约中并没有体现出环境保护的内容，甚至其遵循的自由贸易原则在一些方面和环境保护法规相冲突。最近几年来，随着国际社会对环境保护的紧迫性和必要性认识的不断加深，世界贸易组织也开始把环境保护的内容融入进来，并且成立了专门的贸易和环境委员会（Committee on Trade and Environment）来探讨如何实现国际环境保护法规和世界贸易法规体系的和谐发展。在 2001 年的多哈会谈上，世界贸易组织成员国历史上第一次决定把贸易和环境放到谈判议程中。在 2002 年举行的世界可持续发展峰会（World Summit on Sustainable Development）上，与会国的国家领导们敦促参加世界贸易组织谈判的谈判代表们把可持续发展的目标融入贸易谈判中。从过去的不一致和相冲突到最终实现真正的和谐发展，这两大国际法律体系还面临着诸多挑战。比如说，因为担心发达国家利用环境保护为借口对发展中国家的贸易产品实行"绿色保护主义"抵制，发展中国家对于世界贸易法规体系中的环境保护方面的相关内容存在着极大的担心。

（十五）可再生能源

　　经济快速发展带来的巨大能源需求和不科学的能源消耗方式使石化能源资源储备迅速减少，已经不能满足人类未来的发展需求。而且石化能源会对环境带来污染，造成温室气体大量排放，导致全球气候变暖，因此世界各国亟须从当前以石化能源为主的能源结构转变到以可再生能源为主的新的能源结构，[2] 提高能源使用效率。[3] 为了促进可再生能源的使用和提

---

① *World Trade Report* 2010, World Trade Organization, 2010.

② 可再生的清洁能源包括太阳能、风能、水电、潮汐能和生物能等。

③ Bradbrook A., Lyster R. & Ottinger R., *The Law of Energy for Sustainable Development*, Cambridge: Cambridge University Press, 2005.

高能源利用率，国际社会形成了一系列国际环境法条约（包括气候变化法条约），比如 1992 年的《联合国气候变化框架公约》（*the United Nations Framework Convention on Climate Change*）、1994 年的《能源宪章条约》（*the Energy Charter Treaty*）和 1997 年的《京都议定书》（*Kyoto Protocol*）第 2 条款。

第三节　国际气候变化法

一　国际气候变化法概述

国际气候变化法（International Climate Change Law）以前多是作为国际环境法的一部分加以研究，然而随着全球气候变化问题的重要性不断上升，它逐渐开始作为一个独立的法律领域（a legislative field in its own right）被广泛关注。气候变化法可以定义为为了减少人类活动对气候变化的影响而制定的一系列法规集合。[1] 国际气候变化法具有跨领域（cross-sectoral）的特点，它与国际环境法、能源法、商业法和国际法等法律都有交叉，同时它又具有多层次（multi-level）的特点，在国际层面、区域层面和国内层面都有涉及。[2] 本节将重点探讨国际层面的气候变化法的历史发展和现状，以及未来国际气候变化法框架的展望，旨在为本有关中国气候变化法的探讨奠定坚实的国际气候变化法理论背景。

二　国际气候变化法发展回顾

1988 年，联合国大会通过了 43/53 决议（Resolution 43/53），第一次把气候变化提升为全球共同关注的问题，[3] 从而开启了全球协同应对气候变化的努力。同一年，世界气象组织（World Meteorological Organization, WMO）和联合国环境开发署（United Nations Environment Programme, UN-

---

[1]　Koch, Hans-Joachim, "Climate Change Law: Instruments and Structures of A New Area of Law", *Journal for European Environmental & Planning Law*, 2010.

[2]　Dernbach, "J. C. Climate Change Law: An Introduction", *Energy Law Journal* (29), 2008.

[3]　联合国 43/53 决议关于气候变化论述的英文原文如下："Climate change is a common concern of mankind, since climate is an essential condition which sustains life on earth"。

EP）共同建立政府间气候变化专门委员会（the Intergovernmental Panel on Climate Change，IPCC），来负责评估气候变化的程度和影响，以及为应对气候变化进行政策建议。

1990 年 IPCC 发布了第一个评估报告，为联合国大会关于气候变化公约的谈判提供了重要的科学基础。联合国从 1990 年开始正式商讨如何建立一个应对气候变化的全球框架公约。

1992 年在巴西召开的地球峰会（Earth Summit）强调了国际社会在环境保护和应对气候变化上的协同努力的重要性。首先，其历史意义体现在地球峰会是第一个为实现可持续发展而进行的国际会谈，与会各方在会议中签署了《里约环境与发展宣言》（*The Rio Declaration on Environment and Development*），宣言号召各国互相合作以建立一个公开的相互支持的国际环境体系来促进各国的经济增长和可持续发展以便更好地解决环境恶化的问题。

此次地球峰会正式通过了《联合国气候变化框架公约》（*the United Nations Framework Convention on Climate Change*，UNFCCC），该公约共有 191 个缔约国，从 1994 年起正式生效，它是目前世界上获得最广泛支持的国际公约。UNFCCC 的通过标志着全球正式建立了通过国际合作来协同解决全球气候变化问题的国际法制度，对全球应对气候变化事业影响深远。然而由于世界各国的政治、经济利益不同，特别是发达国家和发展中国家在应该承担的减排责任问题上存在巨大分歧，UNFCCC 的谈判过程异常艰苦。"共同但是有区别责任原则"是促成国际社会达成共识并通过 UNFCCC 的重要国际环境法原则，在这一原则的指导下，发达国家需要承担固定的减排责任，而发展中国家则可以自愿决定减排目标。然而与此同时，所有的公约签约国有义务制订符合本国国情的温室气体减排计划，来减少气候变化的排放源和减轻气候变化的影响。UNFCCC 的目标是要把大气中的温室气体含量稳定到一定水平，使得生态系统可以自然地适应气候变化，使食物生产不受威胁，而另一方面又能保证经济发展能够可持续地进行。为了实现这一目标，UNFCCC 的缔约国在遵循《里约环境与发展宣言》和《21 世纪议程》所制定的全球环境责任的原则基础上，制定了 UNFCCC。除了前面所提到的"共同但有区别责任原则"，公约还体现了"代际公平原则"、"预防原则"和"可持续发展原则"。

1995 年 UNFCCC 缔约国第一次大会在德国柏林召开，会议参与国达成共识认为 UNFCCC 关于发达国家的减排义务的规定不足以实现 UNFCCC 的目标，于是开启了新一轮的国际谈判来加强附件一国家的减排责任，也即《柏林决议》（Berlin Mandate）。同年 IPCC 第二次评估报告发表，报告在翔实的科学证据的基础上得出结论人类活动对全球气候有明显的影响。1996 年在瑞士的日内瓦召开了 UNFCCC 缔约国第二次大会，会议明晰了《柏林决议》的范围。

尽管《联合国气候变化框架公约》创建了国际社会协同合作共同解决气候变化问题的机制，但是它并没有对温室气体排放量进行强制性的规定，没有国际法强制力。鉴于 UNFCCC 的不足，以及国际社会在地球峰会之后逐渐形成的共识和对全球气候变化越来越大的担心，国际社会越来越意识到形成一个具有法律效力来规范各国减少温室气体排放量的国际公约的必要性。这就促成了 1997 年《京都议定书》的签订。在日本东京召开的 UNFCCC 缔约国第三次会议，通过了在国际气候变化法发展历程中具有里程碑意义的《京都议定书》，该议定书是唯一具有国际法强制约束力的国际条约。《京都议定书》要求发达国家在 2008 年到 2012 年的这一段时间里实现其承诺的减排目标，并且建立了条约遵循机制（compliance mechanism）和专门的条约遵循委员会（compliance committee）来确保附件一国家达到其减排目标。[①] 现在国际社会已顺利过渡到《京都议定书》的第二个承诺期，并与此同时积极探讨该如何建立一个吸引世界各国广泛参与的公平、有效的新的国际气候变化框架公约来接替《京都议定书》。

除了规定《京都议定书》附件一国家的强制温室气体减排目标外，《京都议定书》的一个重要特点同时也是一个伟大创新就是它开启了碳市场化，它把二氧化碳减排量变成了能在碳交易市场上交易的商品，[②] 并且基于这样一个碳交易的思想，建立三种以市场为基础的灵活机制，

----

① 《马拉喀什协定》建立了专门条约遵循委员会，来确保附件一国家实现《京都议定书》规定的减排目标。条约遵循委员会的职责包括敦促缔约国达到其减排承诺、为缔约国提供帮助和建议、决定是否附件一国家遵循了《京都议定书》的减排要求和对于未实现减排承诺的国家实施惩罚措施。

② Stripple J. & Falaleeva M. , *CDM Post-2012*: *Practices*, *Possibilities*, *Politics*, Lund University Adam Project Workshop Report, 2008.

即，排放交易机制（Emissions Trading）、共同执行机制（Joint Implementation）和清洁发展机制（Clean Development Mechanism）。《京都议定书》的这三大机制的主要目的就是帮助《京都议定书》的签约国低成本地实现其减排目标，促进发展中国家走上低碳化的发展道路，并且吸引资金开展碳减排项目。鉴于清洁发展机制是唯一把发展中国家包括在内的减排机制，而且对于发展中国家的低碳经济发展有着非常重要的促进作用，本书将在第二章重点讨论清洁发展机制和中国的清洁发展机制立法。

1998 年在阿根廷的布宜诺斯艾利斯召开了 UNFCCC 的第四次缔约国大会，会议通过了《布宜诺斯艾利斯行动计划》（*Buenos Aires Plan of Action*），它针对《京都议定书》的运作规则和 UNFCCC 的执行制订了两年的工作计划。1999 年 UNFCCC 的第五次缔约国大会在德国波恩召开；会议主要基于《布宜诺斯艾利斯行动计划》进行进一步协商谈判。2000 年 UNFCCC 第六次缔约国大会在荷兰海牙召开，然而由于会议关于《京都议定书》运作规则的谈判不能达成共识，所以大会被暂停。

2001 年 1 月，IPCC 发表第三次评估报告发表。2001 年 7 月，在德国波恩重新召开了 UNFCCC 的第六次缔约国大会，会议达成了《波恩协定》（*Bonn Agreements*），《波恩协定》建立了碳排放权交易体系（an emission trading system）、清洁发展机制、制定碳汇（carbon sink）带来的温室气体减排量的计算规则以及建立条约遵循机制。它还规划了发达国家在经济上和技术上援助发展中国家的措施，以帮助发展中国家开展低碳减排和应对气候变化的消极影响。2001 年 11 月缔约国第七次大会在摩洛哥的马拉喀什召开，会议达成了《马拉喀什协定》（*Marrakesh Accords*），它充分采纳了《波恩协定》的各项决定，为《京都议定书》和 UNFCCC 的实施制定了详尽的规则。

2002 年 UNFCCC 的第八次大会在印度的新德里召开，会议代表了谈判的新阶段，重点是讨论《马拉喀什协定》的实施和公约的相关问题。会议通过了《关于气候变化和可持续发展的新德里部长宣言》（*Delhi Ministerial Declaration on Climate Change and Sustainable Development*）和旨在加强教育、培训和公众认识的新德里工作计划（New Delhi Work Programme）。2003 年 UNFCCC 第九次大会在意大利的米兰召开，会议批准了在 CDM 机制下开展造林项目的决定。2004 年 UNFCCC 第十次大会在阿根廷的布宜诺斯艾利斯举行，会议的主要议题就是适应气候变化（adaptation），会议的一个成果就是布宜诺斯艾利斯的适应措施工作计划（the Buenos Aires programme of work on adaptation measures）。

2005 年，《京都议定书》正式生效。在加拿大的蒙特利尔召开的 UN-FCCC 第十一次大会也成为《京都议定书》缔约国的第一次大会，这次大会标志着世界开始通过对话来达成战略性的国际合作行动来应对气候变化问题。2006 年 UNFCCC 缔约国第十二次大会，即《京都议定书》第二次缔约国大会在肯尼亚的内罗毕召开，继续探讨完善《京都议定书》和 CDM 的运作规则。

2007 年第十三次 UNFCCC 缔约国大会，即《京都议定书》第三次缔约国大会在印度尼西亚的巴厘（Bali）召开，与会国达成了《巴厘路线图》（*Bali Road Map*），代表全球为了实现一个安全的气候未来（a secure climate future）而做出的努力。《巴厘路线图》的一个重要组成部分是《巴厘行动计划》（*Bali Action Plan*），旨在实现长期的全球性的环境保护合作行动。《巴厘行动计划》勾画了一个完整的长期合作行动过程来确保 UNFCCC 全面、有效和可持续地执行，会议决定这个行动计划由长期合作行动特设工作组来负责施行。《巴厘行动计划》主要由五大部分组成，即共同的减排目标（shared vision），减排（mitigation）、适应气候变化（adaptation）、技术推广（technology transfer）和气候融资（financing）。2008 年 UNFCCC 缔约国第十四次大会，即《京都议定书》第四次缔约国大会在波兰的波兹南召开，会议讨论如何推进《巴厘行动计划》等议题。

2009 年 12 月份作为旨在探讨 2012 年以后的《京都议定书》未来的哥本哈根会谈由于种种原因，特别是发达国家和发展中国家在减排目标的问题上存在严重分歧，并没有达成预定目标。不过应该指出的是，这次会议将应对气候变化政策上升到历史性的政治高度，并且通过了《哥本哈根协定》（*the Copenhagen Accord*），制定了将全球气候温度上升限制在 2℃ 之内的目标，并要求发达国家对发展中国家提供资金援助来帮助其减排。

2010 年在墨西哥坎昆召开的联合国气候变化，取得了一定的成果，使国际社会重拾多边谈判的信心。然而《坎昆协议》（*Cancun Agreements*）并未指明《京都议定书》谈判的未来，没有给出完成第二承诺期的时间表，《坎昆协议》其实是把一些关键性的疑难问题留给了下一届的南非气候变化大会来解决。《坎昆协议》虽然朝着建立具有法律约束力的全球气候行动框架迈出重要一步，但它本身并不是具有法律约束力的全球气候协议。由于发达国家和发展中国家之间存在的严重分歧在短期内难以消除，因此，国际社会试图在下一年的南非气候变化大会上获得突破性进展，并非易事。

2011 年的南非德班会议取得了历史性的成果，大会经过艰难谈判，同意延长《京都议定书》的承诺阶段到 2015 年。这一决议避免了世界上目前唯一具有法律约束力的《京都议定书》的倒塌，为世界建立真正长久有效的国际环境法框架赢得了宝贵的时间。更为可贵的是，中国带头许诺到 2015 年开始也要承担减排责任，其减排决心和作为一个负责任的国际大国的姿态赢得了世界的掌声。然而，这一承诺也意味着中国需要加大碳减排的力度，尽快建立起一整套推进低碳经济发展的政策制度和法规，以期在较短的时间内与西方发达国家的减排水平靠拢。这一目标，时间紧任务重，需要中国政府下大力气，结合国情积极向西方国家借鉴学习才能实现。

2012 年的 UNFCCC 缔约国第十八次大会，即《京都议定书》第八次缔约国大会在卡塔尔的多哈召开，会议形成了对《京都议定书》的《多哈修正》（*Doha Amendment*）。虽然进展较慢，但是多哈会谈成功地把德班会议的决议落实，把《京都议定书》平稳延长到 2020 年，从而给予国际社会所亟须的连续性和时间来形成一个新的包含各国在内的（all-inclusive）国际气候变化协议来接替《京都议定书》。自从 2007 年以来，联合国气候变化大会一直在两个轨道上（two tracks）进行谈判，一个是针对《京都议定书》的温室气体减排，另一个是关于在 UNFCCC 的框架下建立长期的机制来应对气候变化。多哈会谈则增加了第三个轨道，即试图到 2015 年达成一个新的国际气候变化协议。在通向新的国际条约的道路上，多哈会议虽然从程序上去除了障碍，然而可以预见的是，鉴于各国利益的不同，特别是发达国家和发展中国家在减排目标上的分歧，国际社会要在 2015 年实现这样一个目标必定是充满挑战和困难的。

为了更直观地展现出本章节所综述的国际气候制度的发展过程，笔者制作了气候变化国际公约体系大事记（参见表1）。

表1 　　　　　　　　　　**气候变化国际公约体系大事记**①

年份	气候变化国际公约体系大事记
1988	联合国大会43/53决议（UNGA Resolution 43/53）达成共识，认为气候变化是一个人类共同的问题
	联合国环境开发署（UNEP）和世界气象组织（WMO）共同建立政府间气候变化专门委员会（IPCC）
1990	联合国开始商讨如何建立一个应对气候变化的框架公约
1992	在巴西召开的地球峰会（the Earth Summit）上《联合国气候变化框架公约》正式签署，它共有191个缔约国，从1994年起正式生效
1995	联合国气候变化框架公约缔约国第一次大会（COP1）在德国柏林召开，会议开启了针对如何强化附件一国家（Annex I Parties）目标的新一轮谈判，也即是《柏林决议》（Berlin Mandate）
	IPCC第二次评估报告得出结论人类活动对全球气候有明显的影响
1996	联合国气候变化框架公约缔约国第二次大会（COP2）在瑞士的日内瓦召开，会议明确了《柏林决议》的范围
1997	联合国气候变化框架公约缔约国第三次大会（COP3）在日本东京召开，会议通过了《京都议定书》
1998	联合国气候变化框架公约缔约国第四次大会（COP4）在阿根廷的布宜诺斯艾利斯召开，会议通过了《布宜诺斯艾利斯行动计划》（Buenos Aires Plan of Action），针对《京都议定书》的运作规则和《联合国气候变化框架公约》的执行制订了工作计划
1999	缔约国第五次大会（COP5）在德国波恩召开，会议主要基于《布宜诺斯艾利斯行动计划》进行协商谈判
2000	缔约国第六次大会（COP6）在荷兰的海牙召开，但是谈判被暂停
2001	1月IPCC第三次评估报告发行
	3月美国总统布什宣布美国将不会成为《京都议定书》的缔约国
	7月在重新恢复的缔约国第六次大会（COP6）达成了《波恩协定》（Bonn Agreements），《波恩协定》达成共识，要建立碳排放权交易体系（an emission trading system）和清洁发展机制（Clean Development Mechanism，CDM）
	11月缔约国第七次大会（COP7）在摩洛哥的马拉喀什召开，会议达成了《马拉喀什协定》（Marrakesh Accords），为《京都议定书》和《联合国气候变化框架公约》的实施制定了详尽的规则
2002	世界可持续发展峰会（the World Summit on Sustainable Development，WSSD）在南非的约翰内斯堡召开，来回顾自从1992的地球峰会以来的进展
	缔约国第八次大会（COP8）在印度的新德里召开，会议力图明确气候变化框架公约体系的规则

---

① 表1参照UNFCCC官方网页，http：//unfccc.int/meetings/items/6240.php；UNFCCC Handbook，2006，UNFCCC Climate Change Secretariat；UNEP Training Manual on International Environmental Law，Kurukulasuriya，L.&Robinson N.A.。

续表

年份	气候变化国际公约体系大事记
2003	至少55个国家批准了《京都议定书》，但是还没达到公约生效所需要的国家批准数目
	缔约国第九次大会（COP9）在意大利的米兰召开，会议继续讨论公约体系的运行规则
2004	俄罗斯批准了《京都议定书》，使得公约达到了生效所需要的国家批准数
	缔约国第十次大会（COP10）在阿根廷的布宜诺斯艾利斯召开，会议主要讨论的是如何适应气候变化，其中一个会议成果是布宜诺斯艾利斯应对气候变化措施的工作方案
2005	《京都议定书》在2月16日正式生效，到2005年8月共有155个成员国。缔约国第十一次大会（COP11）即《京都议定书》第一次缔约国大会（CMP2）在加拿大的蒙特利尔召开，这次大会标志着世界开始通过对话来达成战略性的国际合作行动来应对气候变化问题
2006	缔约国第十二次大会（COP12）即《京都议定书》第二次缔约国大会（CMP2）在肯尼亚的内罗毕召开，继续探讨完善《京都议定书》和CDM的运作规则
2007	缔约国第十三次大会（COP13）即《京都议定书》第三次缔约国大会（CMP3）在印度尼西亚的巴厘召开，会议制定了《巴厘路线图》（*Bali Road Map*），其中包括《巴厘行动计划》（*Bali Action Plan*）
2008	缔约国第十四次大会（COP14）即《京都议定书》第四次缔约国大会（CMP4）在波兰的波兹南召开，会议讨论如何推进《巴厘行动计划》等议题
2009	缔约国第十五次大会（COP15）即《京都议定书》第五次缔约国大会（CMP5）在丹麦的哥本哈根召开，会议将应对气候变化政策上升到历史性的政治高度，并且通过了《哥本哈根协定》，制定了将全球气候温度上升限制到2度之内的目标
2010	缔约国第十六次大会（COP16）即《京都议定书》第六次缔约国大会（CMP6）在墨西哥的坎昆召开，会议达成了《坎昆协议》（*Cancun Agreements*）
2011	缔约国第十七次大会（COP17）即《京都议定书》第七次缔约国大会（CMP7）在南非的德班召开，会议达成共识"要在2015年形成一个包括所有国家在内的新的国际气候变化框架公约"
2012	缔约国第十八次大会（COP18）即《京都议定书》第八次缔约国大会（CMP8）在卡塔尔的多哈召开，会议形成了对《京都议定书》的多哈修正（Doha Amendment）

三　国际应对气候变化制度的特点

（一）从立法角度来看

当前的联合国气候变化框架制度的建立遵循了国际环境法立法的一般模式，即先制定一个勾画基本原则和框架的国际公约，然后在公约的基础上国际社会协商制定出一个包含具体法规要求的议定书。[①] 以国际环境法

---

① Bodansky D, *The Art and Craft of International Environmental Law*, Harvard University Press: Harvard, 2009.

中保护臭氧层的立法过程为例，国际社会先是在 1985 年通过了《保护臭氧层的维也纳公约》（the Vienna Convention for the Protection of the Ozone Layer），然后又在 1987 年制定了《关于破坏臭氧层物质的蒙特利尔议定书》。国际气候变化制度也有类似的法律结构，先是在 1992 年达成了《联合国气候变化框架公约》，然后在 5 年后通过了《京都议定书》，为限制温室气体排放制定了一系列具体的法律规定。除此之外，在 UNFCCC 和《京都议定书》的框架之下，国际社会还通过每年的缔约国大会和其他联合国大会讨论如何完善公约和《京都议定书》的运作规则，使之与时俱进和更好地指导国际气候变化合作行动，并将会议达成的共识通过一系列国际气候变化法条约落实下来。

（二）从管理方式来看

与《蒙特利尔议定书》相似，《京都议定书》通过一种自上而下（top-down）的方式为附件一国家制定了有法律约束力的减排目标，包括可量化的国家减排表现标准（quantitative national performance standards）和为帮助其实现减排目标制定的市场机制，然后敦促各缔约国实现国际条约制定的减排目标。这种方式旨在通过减排目标来鞭策各国采取符合本国国情的减排措施，从而达到全球减排的共同目标。而与此不同的是，UNFCCC 采用的是一种自下而上（bottom-up）的方式来要求签约国制定本国的减排方针和措施，并向 UNFCCC 委员会汇报减排成果。

（三）从结构来看

当前的国际气候变化制度展现的是一个复杂的制度结构，正如气候变化制度的专家 Keohane 和 Victor（2011）所总结的，它是一个由多种相互关联的应对气候变化体系所构成的复杂的综合体（regime complex for climate change）。① 这个复杂综合体的核心是联合国气候变化条约体系（UN Legal Regimes），其中包括 UNFCCC、《京都议定书》和 UNFCCC 缔约国大会通过的一系列法律协议，如《坎昆协议》和《马拉喀什协定》。围绕这个国际气候变化法体系的是各种国际层面的、区域层面的、国家之间的和国家内部的气候变化体系，它们相互

---

① Keohane R. & Victor D., "The Regime Complex for Climate Change", *Perspectives on Politics*, (9) 2011, pp. 7 – 23.

交错和相互影响,[1] 其中包括专门的联合国机构,负责推动气候变化研究和国际合作,如联合国环境开发署（UNEP）和世界气象组织（WMO）；多边发展银行旨在进行气候融资,如世界银行以及森林和应对气候变化基金（Forestry and Adaptation Funds）；跨政府合作组织,负责对气候变化做客观评估和进行政策建议,如 IPCC；区域气候变化合作体系,如欧盟碳减排交易体系（Emission Trading Scheme,ETS）；多国合作组织,如八国峰会（G8）和二十国峰会（G20）；双边气候变化合作,如英国和中国的应对气候变化合作；以及国内的应对气候变化体系。

　　由于各国的政治和经济利益、国际影响和国际关系等因素的相互作用,国际气候变化制度呈现出这种既有核心,又有相对松散的外围的结构特点。这一制度结构的优点在于灵活性和适应性强,一方面可以根据不同的需要,在不同层面和不同范围达成国家间的共识来开展应对气候变化合作行动；另一方面还可以较为容易地根据变化的情况,及时调整应对气候变化的方针策略。然而与单一结构相比,这种复杂结构的缺点是,各个体系之间可能会出现冲突,或是出现没有被任何气候变化体系覆盖的真空领域（gap）,从而影响国际气候变化制度的整体有效性。为了更直观地展现国际气候变化体系的复杂结构,本书勾画了国际气候变化制度结构示意图（参见图1）。

　　（四）从遵循的原则来看

　　《京都议定书》体现了国际环境法的诸多原则。首先,根据"共同但有区别责任原则",《京都议定书》对发展中国家和发达国家在减排目标问题上给予区别对待,考虑到发展中国家和发达国家在全球气候变化上的历史责任不同,它只要求附件一的发达国家遵循强制减排目标,而发展中国家则可以自愿决定自己的减排目标。这一原则体现了对历史事实的尊重,对保护发展中国家的正当利益发挥了重要作用。然而一些学者批评《京都议定书》的这种区别对待影响了《京都议定书》的减排效果,认为缺少发展中国家参与强制减排的《京都议定书》不能有效达到减少全球温室气体排放的目标,甚至对基于这一原则的 CDM 的有效性也有很多质

---

①　Ranson M. & Stavins R. , "A Post-Durban Climate Policy Architecture Based on Linkage of Cap-and-Trade Systems", *Chicago Journal of International Law*（13）, pp. 403–438, 2013.

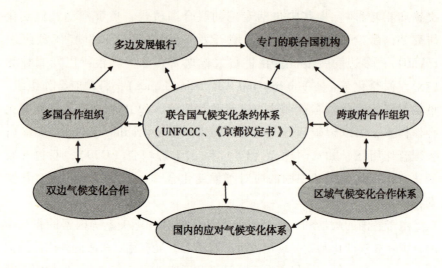

图1　国际气候变化制度结构示意图

疑声。关于 CDM 有效性的研究和关于中国如何根据国际气候变化法、结合我国国情完善清洁发展机制立法，本书将在下一章重点阐述。笔者认为这些原则也应在未来的国际气候变化制度得以体现。

第四节　未来国际气候变化协议展望

一　《京都议定书》的优缺点

为了更好地理解什么样的国际气候变化协议能有效地指导全球应对气候变化协作行动，本节首先分析《京都议定书》的优缺点，然后在此基础上对未来的国际气候变化协议提出建议。

（一）《京都议定书》的优点

《京都议定书》的先进性首先在于它为了降低全球的温室减排成本而创造性地建立了三个以市场为基础的灵活机制，即针对附件一国家减排的排放权交易机制和共同执行机制，以及帮助发展中国家减排的清洁发展机制。其次，它赋予附件一国家在减排方式上的灵活性，《京都议定书》充分尊重国家的主权，允许附件一国家自己决定本国的减排方式和制定符合本国国情的减排方针。再次，它体现了公平的原则，《京都议定书》主要针对最富裕的发达国家和那些对全球气候变化现状负有主要历史责任的国家，同样体现了 UNFCCC 提出的共同但有区别责任的原则。最后，《京都议定书》有近 200 个缔约国，具有广泛的国际参与度和认可度，这一事实显示了它在政治上的可行性。[1]

（二）《京都议定书》的不足

《京都议定书》虽然在国际气候变化法的发展历史中具有里程碑的意义，具有非常明显的优点，但是它又具有不足和局限性，未来的气候变化条约应该在《京都议定书》的基础上保留精华、吸取教训、进行完善和修正。首先，它的局限性体现在世界上最主要的温室气体排放国并没有被纳入强制减排中。美国作为世界上最大的碳排放国，并没有批准《京都议定书》，而且在未来也不太可能成为议定书的缔约国；同时世界上经济快速发展的几大发展中国家，包括中国、印度、巴西和南非，它们的温室气体排放量已经超过许多发达国家，也没有被包括在条约中被要求实现减排目标。[2] 一些学者担心，没有这些碳减排放大国的参与，《京都议定书》在很大程度上只是欧盟等国在履行减排承诺，而它们本身就已经制定了非常严格的减排目标，《京都议定书》的减排目标和欧盟本身制定的减排目标在很大程度上是相互重叠的，这使得《京都议定书》很难实现把全球气候变化控制在 2℃ 以内的目标。[3]

其次，由于《京都议定书》只有有限的附件一国家需要履行强制减排承诺，这就可能增加这些国家生产高碳排放商品（服务）的生产成本，从国际贸易角度来说，这些高碳排放产业就有可能转移到一些不用强制减排的国家来降低其生产成本，从而导致"碳泄漏"（carbon leakage）现象的出现。

再次，另一个对《京都议定书》的担忧是，它的短期性（short-term approach）可能会影响私营部门对低碳减排技术的投资。《京都议定书》的第一个承诺期只有 5 年（虽然已经平稳过渡到第二个承诺期），它的相

---

[1] Aldy J. E. & Stavins R. N. , *Post-Kyoto International Climate Policy: Implementing Architectures for Agreement*, Cambridge University Press, 2010.

[2] Blanford G. J. , Richels R. G. & Rutherford T. F. , *Revised Emissions Growth Projections for China: Why Post-Kyoto Climate Policy Must Look East*, Harvard Project on International Climate Agreements Discussion Paper 08 – 06, 2008.

[3] Victor, D. G. , *The Collapse of the Kyoto Protocol and the Struggle to Slow Global Warming*, Princeton University Press, 2001.

对短期和未来的不确定性，对私有企业的低碳减排投资有消极影响，而要有效刺激私有部门对低碳经营模式的投资，国际气候变化协议需要给市场一个长期的价格信号。①

最后，一些学者认为，《京都议定书》的履约机制（compliance mechanism）没有给附件一国家足够的刺激和约束力来敦促这些国家实现其减排承诺，这一点也是需要在新的国际气候变化协议中加强的。②

二　检验国际气候变化条约有效性的标准

在综合目前国际上的主要学术观点和实践研究成果的基础上（如Aldy & Stavins，2007③；Aldy & Stavins，2010④；Karp & Zhao，2008⑤），笔者认为检验国际气候变化条约的有效性的标准可以概括为以下几个方面。

（一）环境标准

环境标准（Environmental outcome）是判断一个国际气候变化条约是否有效的最直观和最根本的标准之一，在这里的环境成效主要指的是新的国际气候条约是否能促进全球的温室气体减排和提高全球适应气候变化的能力，即减排和气候变化适应。⑥需要指出的是，由于环境的实际成效包括很多方面而且很难具体量化，所以在实践中用全球的温室气体减排量作为衡量国际气候条约的碳减排成效标准具有相对可行性和准确性。

（二）效率标准

从经济学角度来看，判定一个公共政策是否高效的一个重要标准是要

---

①　Newell，R. G.，*International Climate Technology Strategies*，The Harvard Project on International Climate Agreements Discussion Paper 08 – 12，2008.

②　Barrett，S.，*A Portfolio System of Climate Treaties*，The Harvard Project on International Climate Agreements Discussion Paper 08 – 13，2008.

③　Aldy J. E. & Stavins，R. N.，*Architectures for Agreement：Addressing Global Climate Change in the Post-Kyoto World*，Cambridge University Press，2007.

④　Aldy J. E. & Stavins R. N.，*Post-Kyoto International Climate Policy：Implementing Architectures for Agreement*，Cambridge University Press，2010.

⑤　Karp，L. S. & Zhao，J.，*A Proposal for the Design of the Successor to the Kyoto Protocol*，The Harvard Project on International Climate Agreements Discussion Paper 08 – 03，2008.

⑥　Aldy J. E.，Barrett，S. & Stavins R. N.，13 + 1：A Comparison of Global Climate Change Policy Architectures. Resources for the Future report，2003.

看整个社会从这个公共政策获得的收益是否超过付出的成本，也就是说是否整个社会因为这个政策制度变得更好（better off）。效率标准（Efficiency）也指的是没有成员因为这一公共制度而变得更差。因此能够最大限度给全球带来"净收益"（net benefits）的国际气候变化条约就被认为是高效的。这里的"净收益"指的是条约所带来的环境保护和遏制气候变化的成效要远远超过为低碳减排而投入的成本总量。然而由于对低碳减排的投入往往需要经过较长的一段时间才能有成效和回报，所以国际气候变化条约的效率标准需要放在长期来判断。

（三）公平标准

国际气候变化条约的一个重要问题就是如何在国家之间和时间上分配低碳减排的收益和分担碳减排的成本，在这里就涉及分配公平（distributional equity）标准的问题。[①] 在代内公平的标准问题上，即如何在国家间公平地分配减排的收益和成本，学术界有不同的看法，其中有两种观点最具代表性。一种观点认为应该遵照"责任"标准，即在其他情况相等同的条件下，对于大气中的温室气体积累负有主要责任的国家应该承担大部分的碳减排负担。另一种观点是依照"能力"标准，因为富有的国家有更多的能力和资源，所以应该承担更多的责任来领导全球应对气候变化行动。这两种公平标准都认为发达国家应该承担主要的应对气候变化负担，这也符合国际环境法的共同但有区别责任原则。需要指出的是，公平标准还包括代际公平标准，即当代人的应对气候变化行动和经济发展活动不应对后代产生不利影响，我们需要保证子孙后代能享有和当代人一样的环境权益。

（四）成本标准

成本高效（cost-effectiveness）指的是国际气候变化法能够以最低的成本达到一定环境效益的能力，不同于效率标准所强调的投入和回报的差值，成本标准强调的是如何以最低的成本来达到一定的环境目标，即稳定空气中的温室气体含量。鉴于世界上许多国家特别是发展中国家都对参加条约的成本付出非常敏感，所以成本效率是判定国际气候变化条约能否成功的一个重要标准。

---

① 本节重点讨论温室气体减排成本分配的公平标准，需要指出的是关于适应气候变化措施的成本分配也应遵循公平标准。

（五）灵活性标准

灵活性标准（flexibility）是衡量国际气候条约在面对重要的新信息和变化的政治经济情况下能否及时灵活地调整相关法规来适应新的形势发展的能力，这一标准也是衡量条约的制度可行性的重要基准之一。[①] 同时灵活性标准还用于检验条约是否给予缔约国足够的灵活度和自主权来决定本国的碳减排和气候适应措施的国家方针，从而更好地实现国家应对温室气体减排策略和国际气候条约强制减排目标的有机融合，这对实现条约的长期气候目标有积极作用。

（六）参与和履约标准

参与标准（participation）在国际气候条约的语境下是由缔约国的数量和所覆盖的地区来衡量的。由于主权国家并不能被迫使参加它们所不认同的国际法条约，而且只有缔约国才能受到国际气候变化法的法律制约，所以成功的国际条约需要具备足够吸引力的刺激条件来鼓励各国的广泛参与和履约。[②]《京都议定书》的一个不足就是被认为没有足够的刺激条件来吸引非常广泛的参与。

履约标准（compliance）对于保证气候变化条约的制度上的可行性有重要的意义，因为只有缔约国遵守条约的规定，条约的广泛参与才有实际意义和效果。国际法的执行从根本上来说比国内法的实施有更多的操作难度，因为国际社会很难建立一个凌驾于主权国家之上的权威机构来确保缔约国遵循条约法规。于是与参与标准相似，要想使条约的大多数缔约国能遵守法规要求，国际条约需要把履约融合到法规要求中并且建立有效的惩罚机制来确保气候变化法的执行。[③]

三　未来国际气候变化协议立法初探

（一）未来国际气候变化协议目标

作为《京都议定书》的替代协议，新的国际气候变化协议应该是科

① Brunner S., Flachsland C. & Marschinski, R., "Credible Commitment in Carbon Policy", *Climate Policy* (12), pp. 255 – 271, 2012.

② Olmstead S. M. & Stavins R. N., "Three Key Elements of a Post – 2012 International Climate Policy Architecture", *Review of Environmental Economics and Policy* (6), pp. 65 – 85, 2012.

③ Heitzig J., Lessmann, K. & Zou, Y., "Self-Enforcing Strategies to Deter Free-Riding in the Climate Change Mitigation Game and Other Repeated Public Good Games", *Proceedings of the National Academy of Sciences* (108), pp. 15739 – 15744, 2011.

学上合理（scientifically sound）、经济上低成本（economically rational）和政治上可行（politically pragmatic）的，能够吸引全世界大多数国家积极参与到全球的低碳减排行动中，并能够通过各种有效的灵活机制低成本地实现"全球气候升温控制在 2℃ 以内"的目标。在这里，"科学上合理"指的是新的国际协议要基于科学事实，与科学建议相一致，通过稳定大气中的温室气体含量来减少人类活动对全球气候的消极影响；"经济上低成本"指的是协议应该通过有效的机制以最低成本实现全球减排目标；"政治上可行"指的是协议应该以一种合理和公平的方式使主要的碳排放大国，如美国、中国和印度，都参与进来。[①]

（二）国际气候变化协议立法原则

为了实现上一节所确立的目标，新的国际气候变化协议需要坚持国际环境法的主要原则，特别是其中的可持续发展原则、共同但有区别责任原则、风险预防原则、公平原则和成本高效原则。需要指出的是，虽然在一些内容上有所交叉，但是原则和标准是完全不同的概念，原则是指导国际气候变化协议设计的指南，而标准则是为了衡量条约是否有效的基准。

1. 可持续发展原则

可持续发展原则是指导国际环境法和国际气候变化法的一个根本性原则，它一方面强调当代人在制定环境资源使用政策的时要考虑子孙后代的需要；另一方面强调各国在经济发展的同时也要注意环境保护和消除贫穷，这样才能取得可持续的、全面的发展。新的国际气候变化协议要遵循可持续发展原则，使遏制全球气候变化的环境目标、持续经济发展目标和减少世界贫困人口等"包含"的社会发展目标有机融合，用法律手段和市场手段促使缔约国转变经济增长方式，走上低碳的可持续发展道路。

2. 共同但有区别责任原则

共同但有区别责任原则一直是国际气候变化协议谈判中的一个核心问题，也是新的气候变化条约所必须遵循的基本原则。这一原则是使发达国家和发展中国家团结起来共同应对全球气候变化问题的一个必不可少的前提，是充分尊重历史事实的——发达国家对大气中的温室气体累积负主要责任而也应该承担减排的主要成本，并且符合当前现实情况的——发达国

---

①　Aldy J. E. & Stavins R. N. , *Post-Kyoto International Climate Policy*：*Implementing Architectures for Agreement*, Cambridge University Press, 2010.

家比发展中国家更有能力和资源来采取应对气候变化的措施，而许多发展
中国家所面临的首要挑战还是关系温饱的生存发展问题。① 所以只有遵循
这一原则，才能调动发展中国家的积极性参与到国际条约中，也才能使条
约真正在政治上可行。

3. 风险预防原则

风险预防原则强调的是对未来气候变化风险的预测和防止，一些学者
认为这一原则有利于帮助国际社会在面临复杂的、缺乏确定的科学依据的
情况下采取有效措施防止全球气候的进一步恶化。这一原则也是争议最多
的国际环境法原则之一，一个热烈讨论的问题是国际社会是否需要采取严
厉的应对气候变化措施来作为防止出现气候变化灾难性风险，尽管这样的
风险出现的可能性不大。② 笔者认为，鉴于气候变化的危害性很大，在新
的国际气候变化协议中应该充分体现风险预防原则，敦促各缔约国采用预
防性的措施来预测、阻止和减少气候变化风险的根源，并且缓解气候变化
的不利影响。

4. 公平原则

公平原则既强调国家之间分配的公平，也强调不同代人之间的公平，
即代内公平和代际公平。这一原则一方面要求协商达成国际气候条约的程
序应该是公平的；另一方面也要求条约的内容要体现平等。具体到国际气
候变化协议，代内公平原则的一个直接体现就是如何在国家间平等分配应
对气候变化的成本和收益。笔者认为，新的国际气候条约应该通过给发达
国家和发展中国家制定不同的减排目标，在分配碳排放信用额上区别对
待，对发展中国家给予资金和技术援助等方法来确保条约的公平性，这也
与共同但有区别原则相一致。

5. 成本高效原则

在当今资源缺乏的世界里，越是成本效益高的政策机制，越在政治上
可行，也越能取得好的实施效果。同时较低的实施成本也能为国际气候变
化协议赢得更为广泛的参与，并且更有利于缔约国遵守条约的法律规定和
实现其强制减排目标。因此新的国际气候条约应该加强有助于降低减排成

---

① Rajamani L. , *Differential Treatment in International Environmental Law*, Oxford University
Press, 2006.

② Weitzman M. L. , "Fattailed Uncertainty in the Economics of Catastrophic Climate Change",
Review of Environmental Economics and Policy (5), pp. 275–292, 2011.

本的灵活机制等内容，加大对发展中国家的减排援助，因为目前世界上主要的低成本减排机会存在于发展中国家。

（三）新的国际气候变法协议的法律要素

鉴于前面所总结的《京都议定书》的经验和教训，参照检验国际条约有效性的标准，在遵循条约的立法原则的基础上，笔者认为一个有效的国际气候变化协议需要至少包含以下几个要素。需要指出的是，这些要素是相互影响和相互关联的，但为了行文和阅读方便，笔者把它们分开来讨论。

1. 广泛的参与

新的国际气候变化协议需要以一种能使绝大多数发达国家和发展中国家都参与进来的有效机制来确保条约的广泛参与性。广泛参与的必要性一方面在于国际气候变化的公共物品性质决定了气候变化问题只有通过全球的协同合作才能真正解决，只有大部分国家特别是世界上主要的碳排放国家签署条约，条约才能取得好的减排效果。换言之，任何不能吸引大多数国家参与的气候变化条约都无法以一种低成本和公平的方式保证世界的长期环境利益。另一方面，广泛的参与也可以有效防止因为缔约国和非缔约国的减排成本不同，而造成高碳排放产业从缔约国转移到非缔约国的碳泄漏问题。而且由于发达国家的减排技术相对成熟和可持续发展的程度较高，所以目前世界上低成本减排的机会主要存在于发展中国家。

然而需要看到的是，由于各国的政治经济利益不同，特别是发展中国家和发达国家存在着巨大的利益分歧，实现条约的广泛参与可能是设计气候变化条约面临的最大挑战。为了更好地调动发展中国家的参与积极性，笔者认为应该在遵循共同但有区别的责任原则和公平原则的基础上，在减排目标上仍然对发达国家和发展中国家区别对待，但是可以根据不同发展中国家的经济发展情况，让一部分有较好减排基础和能力的发展中国家尝试承担较低的减排目标（远低于发达国家的强制减排标准）。[1] 不过在这个过程中，需要坚持循序渐进和逐步推进，兼顾效率标准和公平标准，给予发展中国家足够的时间来适应减排要求。另外，为了降低发展中国家的减排成本，减少对发展中国家的经济发展的负面影响，新的国际气候条约

---

[1] Aldy J. E. & Stavins R. N., *Architectures for Agreement: Addressing Global Climate Change in the Post-Kyoto World*, Cambridge University Press, 2007.

需要加大发达国家对发展中国家的经济、技术和减排能力培养的援助，使发展中国家从根本上转变经济增长模式，将低碳减排和可持续发展融合到国家的发展方针中，实现经济发展和碳减排的有机融合和相互促进。关于发达国家援助的内容，笔者将在下面的第六点中详细论述。

2. 长期性

新的条约需要有较长的时间跨度和相对的稳定性，以确保国际气候变化合作行动的持续性。正如前面章节所分析的，拥有较短承诺期的《京都议定书》的一大不足就是不能给市场一个长期的价格信号来刺激私营部门投资包括绿色减排技术在内的低碳发展，而低碳投资往往需要一定的时间才能给投资方带来回报，短期内反而会增加私有企业的生产成本。另外，较短时间跨度的气候变化条约也会影响缔约国的减排积极性，使它们更容易推行那种有短期效果但是不具有可持续减排成效的政策。因此新的条约应该有一定的时间跨度，以保证它的稳定性和持续性，以保持缔约国的减排积极性和可持续性，同时鼓励私有企业参与低碳减排投资。

3. 灵活机制

《京都议定书》的以市场为基础的灵活机制能够有效帮助实现全球低成本减排，并且赋予主权国家减排方式上的灵活性。虽然《京都议定书》的三大灵活机制都还存在不足，需要在运作规则等方面进一步完善，然而这种尊重市场作用，充分利用市场刺激手段来进行减排的机制，无疑是充满创造性和先进性的，应该在新的国际气候条约中保存和加强。在新的国际气候变法中保留灵活机制符合低成本原则和共同但有区别责任原则。除了能帮助降低减排成本，这三大灵活机制特别是其中的清洁发展机制还构成了发达国家把资金和技术转移到发展中国家以促进其减排的有效渠道，从而有利于发展中国家参与和支持新的国际条约。总之，以市场为基础的灵活机制，因为其带来的低成本减排和对发展中国家的援助，有利于吸引更多的国家参与到新的国际气候变化协议，也有利于缔约国履约。

4. 技术创新和推广

技术的创新和推广是另外一个成功的国际气候条约所必备的设计要素。要实现气候变化的长期目标，就需要加大力度研发和推广高效率能源利用技术和低碳技术。要使发达国家和发展中国家从以石化能源为基础的能源结构过渡到以清洁能源和可再生能源为基础的新的能源结构，新的国际条约需要为这种科学技术的转变提供有力的刺激机制。具体来说，新的国际气候条约需要设立"推"和"拉"两种刺激机制。最有效的"拉"刺激机制是把碳排放商品化,通过碳排放权交易机制和碳税使温室气体排放具有商品的价格特点,这样的政策工具可以有效刺激低碳技术的研发和推广,通过市场作用抑制对碳密集型产业的投资。"推"刺激机制主要指的是对低碳技术的投资和应用进行财政补偿,这对于发展中国家的技术推广尤其重要。在新的条约中,国际社会应该设立专门的低碳技术基金来在基金上资助和技术上支持发展中国家的绿色技术推广,这也符合共同但有区别责任原则和可持续发展原则。

5. 与国际贸易体系的兼容和共存

环境和贸易之间存在紧密而又复杂的关系,一方面国际贸易可能会对全球应对气候变化努力产生不利影响,而低碳减排措施也可能会与自由贸易原则相冲突,特别是一些应对气候变化措施涉及禁止某些产品的国际贸易或是绿色贸易壁垒。但同时这两方面又是可以相互共存和彼此促进的,正如可持续发展目标所强调的,经济发展、环境保护和社会发展是不可分割的三大社会支柱,新的国际气候变化协议应该加强与世界贸易体系法规的兼容,避免两大法律体系冲突的可能性,为了实现全球可持续发展这一共同目标,世界上的这两大重要的国际法体系应该相互协调和促进。① 事实上,世界贸易组织的许多法规已经把环境保护的内容融入进来,并且成立了专门的贸易和环境委员会来探讨如何实现国际环境保护法规和世界贸易法规体系的和谐发展。新的国际气候变化协议也应该设立专门的条款和机制来解决 WTO 和气候变化法规的可能冲突,在坚持可持续发展原则的基础上,实现自由贸易和遏制气候变化的双重目标。

6. 对发展中国家的资金、技术和能力培养援助

基于共同但有区别责任原则、公平原则和可持续发展原则,新的国际条约应该加强对发展中国家的资金、技术和能力培养的援助,以提高它们的温室气体减排能力和适应气候变化能力。鉴于发达国家对全球气候变化的历史责任,发达国家有义务对发展中国家进行援助,同时由于气候变化是一个全球共同问题,帮助发展中国家走上低碳减排的可持续发展道路其实也是在帮助发达国家自己。国际条约的这种援助机制有利于最大限度争

---

① Frankel J., *Global Environmental Policy and Global Trade Policy*, Harvard Project on International Climate Agreements Discussion Paper 8 – 14, 2008.

取发展中国家的参与和支持，确保条约的广泛参与和履约对实现条约的控制大气中温室气体含量的环境目标具有重要意义。

7. 适应气候变化措施

温室气体减排措施和适应气候变化措施是应对全球气候变化的两大主要措施，然而在《京都议定书》中只有很少的部分涉及气候变化的适应措施。[①] 因此新的国际气候条约需要加强这部分的内容来提高全球适应气候变化的能力。国际社会已经逐渐认识到适应性措施的重要性，因为即便全世界能够较大程度地减少温室气体排放，全球的气候仍会进一步变化，而一些弱势群体和缺乏适应气候变化能力的国家就容易成为气候变化引发的灾难性天气事件和流行疾病等问题的首当其冲的受害者。

正如 Mendelsohn 等（2006）所指出的，发展中国家与发达国家相比往往资金、技术和人力资源不足，缺乏完善的公共医疗体系和较差的政府管理能力，而且他们的经济往往依赖于气候变化敏感行业如农业和渔业等，所以发展中国家的气候变化适应能力普遍很低。[②] 因此新的国际条约应该设立相关机制，促使发达国家在资金和技术上援助发展中国家以提高它们适应气候变化的能力和可持续发展的能力。这样的法律规定也符合可持续发展原则、公平原则、共同但有区别责任原则和风险预防原则。

第五节　结语

尽管全世界都已经形成共识，各国需要协同合作才能应对气候变化对整个人类的严峻考验，然而迄今为止国际社会还未能形成一个系统的、真正有效的国际气候变化法体系。《京都议定书》无疑在实现全球协同合作应对气候变化的道路上迈出了里程碑式的一步，但这只是一个好的开始，它的许多设计上、实施上的不足和局限性使它很难有效保证世界实现"稳定大气中温室气体含量"的长远环境目标。基于这样的国际共识，2012 年的多哈会谈正式开启了全球的气候变化谈判，旨在到 2015 年形成

---

① 《京都议定书》中只有第 10 章的 b 条款（Paragraph b of Article 10）和第 12 章的第 8 条款（Paragraph 8 of Article 12）提到了气候变化适应措施。

② Mendelsohn R., Dinar A. & Williams L., "*The Distributional Impact of Climate Change on Rich and Poor Countries*", *Environment and Development Economics*（11），pp. 158 – 178.

一个包括世界上大多数国家在内的新的国际气候变化协议来引导全球的减排事业。然而鉴于各国的政治经济利益不同，特别是发达国家和发展中国家在减排责任等方面存在的严重分歧，形成新的气候条约的谈判道路必定是充满挑战和困难的。如何建立一个高效、公平、合理、可行的新的国际气候变化协议成为全世界亟待解决的关键问题。

带着这样的问题，基于这样一个时代背景，本章从国际环境法和国际气候变法的系统回顾出发，在总结《京都议定书》的经验和教训的基础上，参照国际条约有效性的检验标准，对未来国际气候变化协议的立法原则和要素作出了有益的探索。笔者认为虽然实现条约的广泛参与，特别是调动发展中国家的积极性，可能是未来国际气候变化协议设计面临的最大挑战，然而在遵循共同但有区别责任原则和公平原则的基础上，通过在强制减排目标等问题上仍然对发达国家和发展中国家区别对待，通过加大发达国家对发展中国家的经济、技术和能力培养的援助，以便降低发展中国家的减排成本和减少对发展中国家的经济发展的负面影响，一个赢得世界广泛支持的高效的国际气候条约并非遥不可及。在这样一个过程中，中国作为最大的发展中国家应该积极发挥国际影响力，团结其他发展中国家，为保护发展中国家的正当利益，为全球的应对气候变化事业和为新的国际条约的制定作出历史性的贡献。

第二章

清洁发展机制的有效性研究及国内立法初探

第一节　引言

本章积极探讨《京都议定书》最重要的机制之一"清洁发展机制"（Clean Development Mechanism，CDM）的有效性，并在此基础上讨论国内清洁发展机制的立法问题。这一研究具有重要的理论和实际意义，因为清洁发展机制是《京都议定书》中唯一针对发展中国家减排的灵活机制，它利用金融和市场手段鼓励发达国家对发展中国家进行碳减排项目投资，对促进发展中国家减排和可持续发展起着重要作用。然而目前的研究却有不同的研究结果，一部分研究发现 CDM 并不能实现其两大目标，即降低温室气体的排放量和促进发展中国家的可持续发展，甚至因此认为清洁发展机制和《京都议定书》应该被废除，应该被新的国际环境保护法所取代。另一部分研究则有截然不同的发现，根据他们的研究结果，CDM 对温室气体减排和发展中国家的可持续发展起着非常积极有效的作用，基于它的重要作用，一些学者建议无论以后国际环境法如何发展变化，清洁发展机制都应保留。

鉴于当前学术界对于这一问题的激烈争论和这一议题的重要性，本章采用计量经济学和法学相结合的研究方法，深入讨论清洁发展机制是否能实现其许诺的两大目标并对国内清洁发展机制立法进行初探。研究这一机制的有效性，其实很大程度上也是在研究《京都议定书》这一当前唯一具有法律约束力的国际环境法的有效性，这也为国际环境法该何去何从这一国际难题提供了有益的政策探讨。而中国 2005 年颁布并于 2011 年修订的《清洁发展机制项目运行管理办法》，虽然对清洁发展机制项目的运行作了规范，但是这仅仅是政府的行政规章，其法律地位较低，而且对于诸如 CDM 项目的法律责任、项目风险控制等许多问题都没有进行法律规定，中国亟须 CDM 立法来完善和推动 CDM 市场的发展。为了行文方便，本章共分为三个部分，前两个部分分别研究清洁发展机制是否能实现其两大目标，即碳减排和可持续发展，并在此基础上探讨《京都议定书》是否应该继续存在这一国际法难题。第三部分则是探讨在当前国际法的背景下，中国如何根据国情完善国内的清洁机制立法，以充分发挥清洁发展机制这一市场手段推动中国的低碳减排进程。

第二节　清洁发展机制是否促进碳减排？

在南非德班召开的联合国第十七次气候变化大会为国际社会形成真正长久有效的国际环境法框架迈出了可喜的一步。然而德班会议的路线图尽管美好，但由于发达国家和发展中国家之间的巨大分歧，国际社会要达成一个为各方所接受的国际环境法公约还要面对重重考验和挑战。在这样的背景下，重新审视《京都议定书》的灵活机制，特别是清洁发展机制这一唯一针对发展中国家碳减排的机制，既紧迫又必要，研究清洁发展机制在促进减排方面的有效性对于探讨国际环境法在"后京都议定书时期"该如何推进具有重要的现实意义。

除了规定《京都议定书》签约国的温室气体减排目标外，《京都议定书》的一个重要特点同时也是一个伟大创新就是它开启了碳市场化，它把二氧化碳减排量变成了能在碳交易市场上交易的商品（Stripple & Falaleeva，2008）。基于这样一个碳交易的思想，三种以市场为基础的机制建立起来，即排放交易机制、共同执行机制和清洁发展机制。《京都议定书》的这三大机制的主要目的就是帮助《京都议定书》的签约国低成本地实现其规定的减排目标，促进发展中国家走上低碳化的发展道路，并且吸引资金开展碳减排项目。

本节重点研究清洁发展机制是否促进减排项目被投资国的温室气体减排。清洁发展机制鼓励《京都议定书》签约国在发展中国家投资减排项目以获得"经核证的减排量信用额"（certified emission reductions credits，CERs），他们既可以把这些"经核证的减排量信用额"（CERs）放在碳交易市场上与其他国家交易，也可以用来帮助他们实现其减排目标。正如《京都议定书》第12

条款所阐述的，清洁发展机制有两大目标：一个是促进全球低成本减排；另一个是通过鼓励发达国家对发展中国家投资和技术引进来推动发展中国家的可持续发展。作为唯一一个把发展中国家纳入减排努力的灵活机制，清洁发展机制因此在学界和业界都受到了特别的关注。[①]

清洁发展机制体现了发达国家和发展中国家"共同但有区别责任原则"，它自从建立以来发展迅速，到 2012 年 1 月份，清洁发展机制已经发展成了一个巨大的全球市场，有近 4000 个通过注册的碳减排项目以及几十亿美元价值的"经核证的减排量信用额"（CERs）。然而清洁发展机制项目在快速发展的同时，也引来了质疑声。人们一方面质疑它并不能带来真正的温室气体减排；另一方面担心这些项目在降低二氧化碳排放量的同时却损害了发展中国家的可持续发展。

国际社会的普遍共识是世界上大多数的低成本碳减排机会存在于发展中国家，[②] 而清洁发展机制则是唯一一个把发展中国家纳入全球减排努力的灵活机制。然而目前对于清洁发展机制是否促进减排项目被投资国的温室气体减排，学界存在巨大分歧。一些研究认为清洁发展机制并不能带来真正碳减。[③] 比如在施耐德的研究中，他发现 40% 的注册的 CDM 项目并不能带来真正的碳减排。[④] 罗森达尔等人研究甚至认为清洁发展机制项目不但不能降低温室气体排放量[⑤]，甚至会增加碳泄漏的几率从而造成全球碳排放量的增加。另一些研究却显示清洁发展机制促进温室气体减排[⑥]，比如，通过分析 16 个注册的清洁发展机制项目，Sutter & Parreño（2007）

① Paulsson, E., "A Review of the CDM Literature: From Fine-Tuning to Critical Scrutiny?" *International Environmental Agreements: Politics, Law and Economics*, 9（1），pp. 63 – 80, 2009.

② Olmstead, S. M. & Stavins, R. N., "An International Policy Architecture for the Post-Kyoto Era", *American Economic Review*, 96（2），pp. 35 – 38, 2006.

③ Schneider, L., Is the CDM Fulfilling Its Environmental and Sustainable Development Objectives? An Evaluation of the CDM and Options for Improvement, WWF Report, 2007.

④ Ibid. .

⑤ Rosendahl, K. E. & Strand, J., Simple Model Frameworks for Explaining Inefficiency of the Clean Development Mechanism, World Bank Policy Research Working Paper WPS 4931, 2009.

⑥ Sutter, "Analysis of Officially Registered CDM Projects", *Climatic Change*, 84（1），75 – 90, C. & Parreño, J. C., "Does the Current Clean Development Mechanism（CDM）Deliver Its Sustainable Development claim? An Analysis of Officially Registered CDM projects", *Climatic Change*, 84（1），pp. 75 – 90, 2007.

发现大部分项目（72%）带来了真实的，① 可以衡量的碳减排。

　　然而这些研究的主要弊端是，除了极少数研究之外，大部分研究都是采取案例分析方法来研究清洁发展机制的减排有效性，这虽然能在一定程度上显示清洁发展机制项目的情况，却由于数据和方法的有限性而不能深入探讨清洁发展机制的减排有效性。基于这一问题的重要性和目前学界在这一问题上的巨大争议，笔者采用跨国家的面板数据模型，结合最新的"X-differencing"计量经济学方法，研究了 58 个碳减排项目被投资国在 2005 年到 2010 年 5 年间的碳减排量，对清洁发展机制是否促进碳减排项目被投资国的二氧化碳减排进行了分析。研究结果发现，清洁发展机制能给被投资国带来真实的新的碳减排，那些对于清洁发展机制的质疑和批评也是不合理的。基于这样的研究结果，本书认为，无论未来国际环境法如何发展变化，在新的国际环境法框架中，清洁发展机制都应保留和进一步发展。

第三节　清洁发展机制是否促进可持续发展？

　　正当全世界雀跃于南非德班气候变化大会所取得的将《京都议定书》承诺阶段延长 5 年的成果时，加拿大却在会议结束的第二天宣布退出《京都议定书》，这无异于给国际社会的温室气体减排努力重重一击，也使我们认识到，国际社会要形成一个为大多数国家所认同的国际环境法框架的道路充满艰辛和挑战。在这样的背景下，探讨《京都议定书》和其主要的减排机制的有效性，具有重要的现实意义。正如第二节所阐述的，清洁发展机制是唯一个把发展中国家纳入全球减排努力的灵活机制，尽管它在世界上大多数发展中国家都蓬勃发展起来，却一直被质疑不能实现其设定的两大目标，即促进减排和发展中国家的可持续发展。前一节重点探讨了清洁发展机制能否实现其碳减排目标，这一部分则重点研究它的另一个目标，即清洁发展机制是否能促进减排项目被投资国的可持续发展。

① Sutter, C. & Parreño, J. C., "Does the Current Clean Development Mechanism (CDM) Deliver Its Sustainable Development Claim? An Analysis of Officially Registered CDM projects", *Climatic Change*, 84 (1), pp 75 – 90, 2007.

　　关于清洁发展机制在"后京都议定书时期"的国际环境法框架中该起什么样的作用，一直以来都是一个争论的热点，特别是关于清洁发展机制能否促进发展中国家可持续发展的问题在学界和业界广受关注和讨论。为了确保清洁发展机制项目能够促进被投资国的可持续发展，《京都议定书》明确要求在每个碳减排项目被允许注册之前要得到被投资国的确认，即认可此碳减排项目有利于当地的可持续发展。尽管理论上这一硬性规定可以保证清洁发展机制项目促进被投资国的可持续发展，然而在这个问题上当前的学术研究却存在着迥然不同的观点。

　　部分观点认为，清洁发展机制对于低成本碳减排的偏重会在一定程度上损害碳减排被投资国的可持续发展，因为促进可持续发展这一目标并没有融入这一机制的市场成分中。换句话说，对于项目的推动者来说，他们只有进行低碳减排的经济动力，因为碳减排量可以换成能够交易的有市场价值的"经核证的减排量信用额"（CERs），而促进可持续发展却没有直接的经济好处。[1] 这些学者认为，清洁发展机制的这两大目标其实是相互冲突的，开展降低温室气体排放量的项目会在一定程度上损害当地的可持续发展。奥尔森等人的研究认为，尽管发展中国家可以制定在他们国家投资的清洁发展机制项目的可持续发展标准，然而这些发展中国家为了吸引发达国家的碳减排投资，不免为了提高其吸引投资的竞争力而争相降低其可持续发展标准，从而阻碍了当地的可持续发展。[2] 另一方面，缺乏一个全球通用的可持续发展标准，也是造成清洁发展机制偏重碳减排目标的一个重要原因。举例说，通过对 16 个官方注册的清洁发展机制项目进行研究，萨特等人发现，在被研究的 16 个项目中，72% 的项目能够促进碳减

　　[1] Ellis, J. et al., "CDM: Taking Stock and Looking Forward", *Energy Policy*, 35 (1), pp. 15 – 28, 2007. Olsen, K. H., "The Clean Development Mechanism's Contribution to Sustainable Development: A Review of the Literature", *Climatic Change*, 84 (1), pp. 59 – 73, 2007. Paulsson, E., "A Review of the CDM Literature: From Fine-tuning to Critical Scrutiny?" *International Environmental Agreements: Politics, Law and Economics*, 9 (1), pp. 63 – 80, 2009.

　　[2] Olsen, K. H., "The Clean Development Mechanism's contribution to sustainable development: A review of the literature", *Climatic Change*, 84 (1), pp. 59 – 73, 2007. Sutter, C. &Parreño, J. C., "Does the current Clean Development Mechanism (CDM) deliver its sustainable development claim? An analysis of officially registered CDM projects", *Climatic Change*, 84 (1), pp. 75 – 90, 2007.

排，然而只有不到 1% 的项目能促进当地的可持续发展。[①] 同样的，通过对 500 个清洁发展机制项目进行案例分析，苏巴拉奥等人研究发现清洁发展机制并不能促进当地乡村的可持续发展。[②]

但是这一悲观的观点却不为另一些学者所认同。比如说，通过分析在巴西、印度和中国注册的 40 个清洁发展机制项目，奥斯汀等人指出，大多数项目既能促进碳减排也能推动当地的可持续发展。[③] 这些研究发现，温室气体减排和促进可持续发展这两个目标是可以同时实现的，清洁发展机制项目带来的可持续发展好处包括：水源净化、土壤改良、生态保护、就业增加、居民收入增长、科技进步、能源效率提高、健康教育和生活水平提高等。[④] 在研究 2011 年 7 月之前所有注册的 2250 个清洁发展机制项目的项目参与者的记录的基础上，UNFCCC 的研究也显示，大部分项目都被参与者认为既促进了被投资国的碳减排也推动了当地的可持续发展。在此研究中，15 个可持续发展的指标被用来评估这些项目。

当前的研究普遍采取的是以项目为基础的分析方法，他们或是采用一系列的可持续发展指标来衡量清洁发展机制项目，[⑤] 或是针对每一个指标对某一项目分别打分，然后取总平均分来衡量清洁发展机制项目对可持续发展的（促进、阻碍）作用。[⑥] 然而，对清洁发展机制项目如何影响被投资国整体的可持续发展的研究较少，其中的一个原因是减排项目对于被投资国的可持续发展的影响很难衡量。笔者采用跨国家的面板数据模型，结

①　Sutter, C. &Parreño, J. C. , "Does the Current Clean Development Mechanism (CDM) Deliver its Sustainable Development Claim? An Analysis of Officially Registered CDM Projects", *Climatic Change*, 84 (1), pp. 75 – 90, 2007.

②　Subbarao, S. & Lloyd, B. , "Can the Clean Development Mechanism (CDM) Deliver?" *Energy Policy*, 39 (3), pp. 1600 – 1611, 2011.

③　Austin, D. et al. , *How Much Sustainable Development Can We Expect from the Clean Development Mechanism?* Washington, D. C. : World Resources Institute, 1999.

④　Olhoff, A. et al. , CDM: Sustainable development impacts, *The UNEP Rise Centre Poject CD4CDM Report*, 2004.

⑤　Olsen, K. H. & Fenhann, J. , "Sustainable Development Benefits of Clean Development Mechanism Projects: A New Methodology for Sustainability Assessment Based on Text Analysis of the Project Design Documents Submitted for Validation", *Energy Policy*, 36 (8), pp. 2819 – 2830, 2008.

⑥　Sutter, C. & Parreño, J. C. , "Does the Current Clean Development Mechanism (CDM) Deliver its Sustainable Development Claim? An Analysis of Officially Registered CDM Projects", *Climatic Change*, 84 (1), pp. 75 – 90, 2007.

合最新的"long-differencing"计量经济学方法，研究 50 个项目被投资国在 2005 年到 2010 年 5 年间的碳信用额对于其可持续发展的影响，来探讨清洁发展机制是否促进被投资国的可持续发展。这一研究方法对于填补当前的研究空白做出了有益的探索。本研究的结论是发现清洁发展机制对于促进发展中国家的可持续发展发挥了积极的作用。

这一研究结果对于现实有重要的政策启示。根据联合国气候变化政府间专家委员会报告（2001），在 2010 年到 2020 年间，发展中国家会超过发达国家成为世界主要的二氧化碳排放者。然而，与此同时，一个不容忽视的问题是许多发展中国家还没能解决其最基本的发展需求。这样的现实意味着，一方面，没有发展中国家参与的全球减排努力是不可能成功的；另一方面，要使发展中国家积极投入到碳减排行动中，就要努力把可持续发展和温室气体减排这两方面融合在一起。尽管还有很多不足，清洁发展机制，这一当前唯一能把减排和可持续发展这两个目标有机结合起来的灵活机制，能有效解决这一难题。通过鼓励发达国家对发展中国家进行投资和技术转移，清洁发展机制能够在帮助发展中国家解决其发展问题的同时，也促使发展中国家积极参与到全球的碳减排行动中。正因为此，虽然还有许多地方需要改进，清洁发展机制仍是现在和未来的国际环境法框架中不可或缺的组成部分。

第四节　清洁发展机制立法初探

一　清洁发展机制的国际法基础

清洁发展机制所依据的国际法基础主要是《联合国气候变化框架公约》和《京都议定书》。1992 年 5 月由各国达成的《联合国气候变化框架公约》于 1994 年 3 月正式生效。《联合国气候变化框架公约》的目标是"将大气中的温室气体浓度稳定在不对气候系统造成危害的水平"，它为全球应对气候变化勾画了一个总体框架，并且得到了全球绝大多数国家的支持，到 2007 年已有近 200 个国家批准了《联合国气候变化框架公约》，成为它的缔约国。这些缔约国达成了多项应对气候变化的承诺，包括每年提交包含缔约方温室气体排放信息的排放报告、各缔约国政府制定的温室气体减排国策，以及发达国家向发展中国家转让低碳减排技术、提供资金援助等，① 然而《气候变化框架公约》的一个显著不足是这些承诺并不具有法律约束力，很难保证缔约方能履行其所承诺的减排措施，而对应对全球气候变化问题需要具体的、持续的、联合的减排行动的共识就促成了《京都议定书》的签订。

《京都议定书》于1997年12月在日本东京签署通过，并在2005年2月正式实施，它是目前国际上唯一几乎全部由发达国家签署的、具有国际法约束力的温室气体减排承诺协议，它的签订对于推动全球应对气候变化行动具有里程碑式的意义。秉承"共同但有区别的责任"原则，《京都议定书》一方面规定了缔约国（主要是发达国家）所要达到的强制性温室气体减排目标（binding emission reduction target）；另一方面，为了帮助缔约国实现温室气体减排目标，它又引入了三种基于市场的机制，即排放交易机制、清洁发展机制和联合履约机制。② 清洁发展机制是三个市场机制中唯一涉及发展中国家的合作机制，根据《京都议定书》第12条，附件一缔约国通过在发展中国家投资低碳减排项目来获得经核证的减排量（CERs），用来帮助附件一国家实现其《京都议定书》的强制温室减排目标。③ CDM是一种双赢机制，它创新性地通过市场手段，一方面使附件一缔约国以较低的成本实现强制减排目标，促进全球的温室气体减排；另一方面，它使得发展中国家通过CDM合作项目获得环境友好技术转让、推动国内的可持续发展和低碳经济模式的转变。

按照《京都议定书》要求，CDM项目必须在项目实施国实现额外的（additional）的温室气体减排量才能获得经核证的减排量CER，④ "额外"

---

① 参见联合国与气候变化网站：http://www.un.org/zh/climatechange/kyoto.shtml，最后访问日期：2013年6月1日。

② 英文原文参见UNFCCC网页：http://unfccc.int/kyoto_protocol/items/2830.php，最后访问日期：2013年6月1日。

③ 英文原文："The Clean Development Mechanism (CDM), defined in Article 12 of the Protocol, allows a country with an emission-reduction or emission-limitation commitment under the Kyoto Protocol (Annex B Party) to implement an emission-reduction project in developing countries. Such projects can earn saleable certified emission reduction (CER) credits, each equivalent to one tonne of CO2, which can be counted towards meeting Kyoto targets"。参见UNFCCC网页：http://unfccc.int/kyoto_protocol/mechanisms/clean_development_mechanism/items/2718.php，最后访问日期：2013年6月1日。

④ 英文原文："A CDM project must provide emission reductions that are additional to what would otherwise have occurred"。参见UNFCCC网页：http://unfccc.int/kyoto_protocol/mechanisms/clean_development_mechanism/items/2718.php，最后访问日期：2013年6月1日。

的减排效益概念是针对"基准线"（baseline）而言的，也就是在CDM项目投资国正常的资源、资金、技术水平和政治环境中，实施类似的项目可能造成的温室气体排放量水平，"额外"的、"真实"的碳减排效益就是在对比基准线的基础上得出的。按照国际国内法规要求，CDM项目的运作程序至少要经过7个阶段，包括项目设计和描述、国内申报、国际审查、项目融资、项目监测、项目成效核实和CER签发，由于CDM项目的前四个阶段在项目正式启动时就要先完成，所以CDM项目是一种存在着较高风险的具有期货性质的项目，只有在前期投入高额的资金成本、信息成本和技术成本才确保项目的顺利实施以获得最终的收益——CERs。[①] 然而需要指出的是，高额的CDM项目前期成本并不能确保项目能通过国内国际审查从而获得CERs，如果没有通过最终的项目监测和项目成效核实，所有的前期投入就会无所收益，这无疑加大了CDM项目本身的风险，这也是我国在CDM立法中需要考虑的问题，即如何从法律角度有效规避CDM潜在风险。

根据《京都议定书》的规定，只有具有法律资格的主体在指定的领域内才可以开展CDM项目合作。这里的法律资格限定是指只有《京都议定书》的批准国才能成为CDM项目的投资和被投资国，而且CDM只能在规定的15个领域开展。按照国际法要求，CDM的管理体系包括CDM执行理事会（Executive Board，EB）、国家CDM管理机构（Designated National Authority，DNA）和独立经营实体（Designated Operational Entity，DOE）。CDM执行理事会（EB）是《京都议定书》缔约方授权管理清洁发展机制的执行机构，它对《京都议定书》的缔约国负责，职责包括CDM项目的国际注册（registration of projects）和CERs的最后签发（issuance of CERs）。[②] DNA是被授权的国家级管理机构，主要职责是检测国内的CDM申请项目是否符合本国的可持续发展标准，并给有利于推进当地

---

① 刘丽娜：《完善我国清洁能源发展机制的法律对策》，《甘肃社会科学》2012年第2期。

② 英文原文："The CDM Executive Board（CDM EB）supervises the Kyoto Protocol's clean development mechanism under the authority and guidance of the Conference of the Parties serving as the Meeting of the Parties to the Kyoto Protocol（COP/MOP）. The CDM EB is fully accountable to the COP/MOP. The CDM EB will be the ultimate point of contact for CDM Project Participants for the registration of projects and the issuance of CERs"。参见UNFCCC的CDM EB信息网页：http://cdm.unfccc.int/EB/index.html，最后访问日期：2013年6月1日。

低碳发展的 CDM 项目颁发项目批准信（letter of approval）。① 接下来 DNA 项目批准信会上报到 CDM 执行理事会来支持该项目的登记注册。独立经营实体（DOE）是 CDM 执行理事会授权的独立的第三方审计机构，负责审核 CDM 项目计划或核实实施的项目是否达到项目预期的温室气体减排水平。②

《京都议定书》的第一个承诺期是从 2008 年到 2012 年，37 个发达国家和欧盟承诺到 2012 年把温室气体排放量比 1990 年的水平降低 5 个百分点。经过艰难的谈判，在 2012 年 12 月的多哈联合国气候变化大会上，与会国终于在会议的最后时刻达成了具有历史意义的《〈京都议定书〉多哈修正案》（Doha Amendment to the Kyoto Protocol），避免了《京都议定书》这个全球唯一具有国际法约束力的应对气候变化法无法平稳过渡到第二个承诺期（the second commitment period）的不利局面。该修正案规定在第二个承诺期结束前（从 2013 年 1 月 1 日到 2020 年 12 月 31 日），缔约方的温室气体排放量至少要比 1990 年的水平降低 18%，《京都议定书》的三个灵活市场机制及其运作规则将继续实行，不过第二个承诺期的签约国与第一个承诺期的签约国并不完全一样。多哈会议有效地维护了《联合国气候变化框架公约》和《京都议定书》的基本法律制度框架，从法律上确认了《京都议定书》的下一个承诺期，这为全球进一步推进低碳减排行动创造了较为有利的国际法环境，然而需要看到的是在这样一个利好形势的背后是西方发达国家试图逃避其历史碳排放责任的倾向以及向发展中国家提供资金、技术援助的自发意愿的不足，这无疑对公约的"共同但有区别的责任"原则构成潜在挑战，也不利于维持《京都议定书》所构建的全球通过合作来减少温室气体排放的格局。

---

① 英文原文："The main task of the DNA is to assess potential CDM projects to determine whether they will assist the host country in achieving its sustainable development goals, and to provide a letter of approval to project participants in CDM projects"。参见 UNFCCC 的 CDM、DNA 信息网页：http：//cdm. unfccc. int/DNA/index. html，最后访问日期：2013 年 6 月 1 日。

② 英文原文："A designated operational entity（DOE）is an independent auditor accredited by the CDM Executive Board（CDM EB）to validate project proposals or verify whether implemented projects have achieved planned greenhouse gas emission reductions"。参见 UNFCCC 的 CDM、DOE 信息网页：http：//cdm. unfccc. int/DOE/index. html，最后访问日期：2013 年 6 月 1 日。

二　中国清洁发展机制的发展现状

作为全球最大的 CDM 项目实施国，CDM 为我国的低碳经济发展起到了非常重要的推动作用，CDM 项目一方面促进了低碳减排技术在我国的引进，另一方面也带动了当地的可持续发展，CDM 这一市场激励机制的运用有利于改变中国过去主要依赖行政手段来开展低碳减排的局面。欧盟成员国和日本是中国当前主要的 CDM 项目合作国家，欧盟碳排放权交易体系的建立、欧盟温室气体减排的相关规定、英国《气候变化法案》的颁布和日本《气候变暖对策基本法案》的施行都有利于保持欧盟成员国和日本对中国 CDM 项目的巨大合作需求势头，[①] 加上其他发达国家的潜在 CDM 项目合作要求，中国未来的 CDM 市场发展空间很大。

虽然我国的 CDM 市场发展前景看好，然而我国的 CDM 项目发展存在着整体水平不高，CDM 项目区域分布结构不平衡，在国际 CDM 市场上缺乏话语权、定价权，项目的生态社会效益不高，低碳技术转让成功率低等诸多不足，具体来说主要有以下几个问题。

（一）CDM 市场发育不健全

我国还没有形成统一的全国范围的 CDM 市场，对 CDM 市场的相关机制和法律保障还没有建起来，我国对 CDM 项目的宣传和培训也非常不足，这些都影响了国内企业的参与积极性。另外，CDM 项目申请程序本身复杂，CDM 项目的方法学也不易掌握，而我国目前大量缺乏针对 CDM 项目的咨询和服务机构，使得许多企业特别是中小企业，虽然有意愿但却因为对 CDM 相关知识程序的不了解，而只能"望而却步"。[②]

（二）CDM 项目区域分布不均衡

我国的 CDM 项目目前主要分布在经济发展水平较低、能源消耗较多、碳排放量较高的中西部省区市，如内蒙古、云南、四川和甘肃等省区，东部发达地区的 CDM 项目较少。[③] 这个现象背后的主要原因是西部的温室气

---

① 张珺、牛娇旭：《清洁发展机制前景预测及中国的对策》，《未来与发展》2011 年第11 期。

② 肖慈方、王洪雅：《中国对清洁发展机制（CDM）的低效利用与对策分析》，《西南民族大学学报》2009 年第8 期。

③ 刘航、杨树旺、唐诗：《中国清洁发展机制：主体、阶段、问题及对策》，《经济论坛》2013 年第2 期。

体减排成本大大低于东部，所以对投资者来说西部地区的 CDM 项目收益回报率更高。为了 CDM 市场的长期健康发展，我国需要优化 CDM 项目的区域结构，在东部地区推行优惠政策，对东部地区开展 CDM 项目的企业在资金和税收上给予适当补偿，以缓解东部地区相对西部地区企业开展 CDM 项目的成本较高的问题，吸引外国投资者加大与东部地区企业的 CDM 合作。①

（三）CDM 项目实施主体结构不平衡

我国的 CDM 项目的实施主体是境内的中资和中资控股企业，虽然都具有资格，但是由于受到资金不足、缺乏相应低碳技术支持、CDM 项目申请程序不熟悉、缺乏 CDM 专项人才等原因的影响，在实践中，我国的 CDM 项目主要由大型国有企业实施，中小企业开展 CDM 项目的则较少，这影响了我国 CDM 项目在全国范围的广泛开展。

（四）CDM 项目构成结构不合理

我国当前的 CDM 项目市场主要以非二氧化碳排放项目的所占比例最大，尤其是水电、风电项目。虽然这些项目也能促进我国的低碳减排，有利于优化我国的能源结构，但是从长远来看，二氧化碳清洁发展机制项目的缺乏不利于我国低碳经济模式的全方位推进并且影响高技术含量的低碳技术在我国引进。因此，我国需要在政策上鼓励投资方开展二氧化碳项目合作，优化我国目前不合理的项目构成结构。

（五）项目注册率和 CERs 签发率低

与其他发展中国家相比，虽然在 CDM 项目实施的绝对数量上处于全球领先地位，但是与我国政府和企业的实际投入和努力相比，我国的 CDM 项目注册和签发 CERs 的比例都很低。统计数据表明，我国的 CDM 注册项目仅占国家批准项目的 17.7%②，而 CERs 的签发率则更低，到 2012 年 11 月份，我国只有不到 40% 的注册项目获得 CERs 签发，远低于同期世界的平均水平。③

究其原因，主要在于我国企业对 CDM 项目运作体制不适应，CDM 相关知识和专业人才匮乏。CDM 项目本身的申请方法学、国际国内法规则

---

① 林黎：《我国清洁发展机制的现状及问题》，《城市发展研究》2010 年第 2 期。

② 黄小迪：《对我国清洁发展机制实施的反思与应对后京都时代的建议》，《中山大学研究生学刊》2009 年第 2 期。

③ 刘航、杨树旺、唐诗：《中国清洁发展机制：主体、阶段、问题及对策》，《经济论坛》2013 年第 2 期。

和注册项目程序就比较复杂，注册认证的环节多、时间长，审批程序复杂，这就造成企业前期投入成本较高，投资风险较大。而我国企业对CDM"额外性"（additionality）的标准认识不足，就容易导致虽然前期投入了大量的开发费用但最终的CERs核证签发率低的问题。① 这一现状警醒我国的企业不要盲目开展CDM项目，而应先加强CDM相关的能力建设（CDM related capacity building），熟悉CDM项目的方法学和国际国内的相关法律规则，加强对CDM项目额外性的认知和可行性认证，从而降低企业的项目投资风险，提高CERs的最终签发率。

（六）缺乏减排指标的定价权

我国虽然是全球最大的CDM项目供应国，然而我国在国际CDM市场上处于价值链的最低端，缺乏减排指标的定价权，对于CDM市场的影响力很小，处于一种"失语"状态。目前国际市场的碳排放价格主要是由西方发达国家的CDM项目买方所决定，我国的CDM项目业主只能被动地接受减排指标的价格，换句话说目前的国际CDM市场是买方占主导，这样的局面无疑不利于保护我国企业的利益，也不利于我国CDM项目的长远发展。

（七）CDM的可持续发展效益不高

由于CDM机制本身对于碳减排目标的倾斜而促进可持续发展这一目标并没有能融入这一机制的市场成分中，对于项目的推动者来说，他们只有进行低碳减排的经济动力，因为碳减排量可以换成能够交易的有市场价值的"经核证的减排量信用额"，而促进可持续发展却没有直接的经济好处。为了追求较高的核证减排量，许多发达国家的投资者更青睐于减排效益高但可持续发展效益可能不理想的项目，造成我国的CDM项目结构不够合理，CDM项目存在着重减排轻可持续发展目标的不良倾向。这就要求我国在今后的CDM项目审批中，要严格贯彻可持续发展的标准，只有既满足碳减排目标又促进当地可持续发展的CDM项目才能实施，坚决打击一味追求经济效益而忽视生态效益的不良势头。

（八）项目引进技术含量低

虽然CDM的一个重要初衷是实现低碳减排技术从发达国家向发展中国家转让，但是在我国的实践中，存在着CDM项目技术转让率低、CDM

---

① CDM的额外性（additionality）标准指的是实施的CDM项目只有给被投资国带来真正的、额外的温室气体减排量，才能被签发CERs。

项目引进技术的含金量低的问题。研究表明，只有39%的CDM项目实现了技术转让，而能带来较大可持续发展效益的CDM项目，如生物能利用和余热废气利用等项目，技术转让的程度就更低。[①]这一方面反映了发达国家不愿免费转让高技术的态度，这与《气候变化框架公约》规定的发达国家有义务转让环境友好技术给发展中国家的精神相违背；另一方面也反映了我国在CDM项目审批中没有严格把握可持续发展标准带来的不利影响，这一现象提醒我们在今后的立法和实施中要严格贯彻可持续发展的标准，积极促进低碳技术的实际转让，在CDM项目实施中真正做到从"重经济效益"到"重生态效益"的转变。体现在立法上，我国应该明确"技术转让"的具体标准，以便于我国在CDM项目实施中进行依法管理，提高低碳技术的实际转让率。[②]

三　中国清洁发展机制法律现状

我国目前还没有形成成熟、系统、操作性强的清洁发展机制法，我国现有的规范CDM项目运行的法规主要是法律地位很低的行政规定，包括2005年公布并于2011年修改的针对CDM规则的《清洁发展机制项目运行管理办法》，关于CDM申报的《CDM项目申报审批流程》，2010年公布的关于CDM基金管理的《中国清洁发展机制基金管理办法》。这些行政规定系统性差，条文过于粗略，存在着不少法律漏洞和风险，而且立法级别很低，还不能称之为真正意义上的法律。比如，《清洁发展机制项目运行管理办法》虽然对CDM项目的实施机构主体的相关活动做了规定，但是对中介咨询机构、外国投资方等其他CDM主体的活动就没有作出相应的法律规范，这样的疏漏会给我国的CDM项目实施带来潜在的法律风险。[③]为了改变我国当前CDM市场无法可依

---

① 黄小迪：《对我国清洁发展机制实施的反思与应对后京都时代的建议》，《中山大学研究生学刊》2009年第2期。

② 目前国际法规对技术转让的内涵和标准还没有非常明确的定义，现在普遍接受的是广义上的技术转让概念，包括狭义的技术转让、应对气候变化的技术能力、低碳减排经验和设备，以及支撑技术转让的能力建设（capacity building）等方面。我国需要制定符合我国国情的技术转让标准，将那些真正能带来可持续发展功用的技术引进来，加强我国吸纳绿色科技的相关能力建设，而不是仅仅把一些高科技设备迎回国。

③ 田丹宇：《清洁发展机制法律风险规制研究》，《江苏大学学报》2013年第1期。

的尴尬局面，提高我国应对清洁发展机制法律风险的能力，推动 CDM 市场的长久、全面、健康发展，我国亟须 CDM 立法来为我国 CDM 项目市场的发展提供坚实的法律基础。

四　清洁发展机制立法目的和立法原则

（一）立法目的

我国清洁发展机制立法的目的是为 CDM 项目在中国的顺利实施提供一个良好的法制环境，规范 CDM 市场行为，明确 CDM 主体的法律责任和权利，界定 CDM 交易客体的法律归属，明晰 CDM 管理机构和法律执行机构的职责，使得 CDM 交易真正能够"有法可依""执法必严"，提高我国应对清洁发展机制法律风险的能力，为 CDM 市场的长久、全面、健康发展奠定坚实的法律基础。

（二）中央和地方相辅相成原则

目前我国清洁发展机制的政策和法规都还主要停留在中央层面，存在着缺乏地方相应配套政策和机制扶持的问题，这使得中央的政策规定在地方的执行不力，容易有"水土不服"的问题，对 CDM 项目市场在全国范围内的发展产生不利影响。[①] 这就要求我国在清洁发展机制的立法中坚持中央和地方相辅相成的原则，调动地方政府的积极性，在充分尊重中央法规精神的基础上，制定实施反映当地情况的、与中央法规相配套的扶持政策体系。这样既能保证中央层面的法律的权威性，又能避免中央法规在地方执行不力的问题，充分调动地方的低碳减排积极性，提高 CDM 在整个社会的认知度和认同度，推动 CDM 项目在全国范围开展。

（三）坚持可持续发展标准的原则

正如 Olsen 和 Sutter and Parreño 的研究发现，尽管发展中国家可以制定在他们国家投资的清洁发展机制项目的可持续发展标准，然而不少发展中国家为了吸引发达国家的碳减排投资，不免为了提高其吸引投资的竞争力而争相降低其可持续发展标准，从而阻碍了当地的可持续发展[②]。因此

---

① 谢舟：《清洁发展机制的地方法律政策支持》，《人民论坛》2012 年第 26 期。

② Olsen, K. H., The Clean Development Mechanism's contribution to sustainable development: A review of the literature, *Climatic Change*, 84（1），2007，pp. 59 – 73. Sutter, C & Parreno, J. C., Does the current Clean Development Mechanism（CDM）deliver its sustainable development claim? An analysis of officially registered CDM projects, *Climatic Change*, 84（1），2007，pp. 75 – 90.

中国在 CDM 的立法中就要坚决贯彻可持续发展的标准，并且在法律条款中详细列出项目所要达到的可持续发展标准的具体要求，只有符合国家可持续发展要求的 CDM 项目才能获得审批，以确保所实施的 CDM 项目能真正推动我国的低碳可持续发展，杜绝一些企业为了吸引投资而降低 CDM 项目可持续发展标准的现象。

（四）与国际法相接轨原则

我国在 CDM 立法中制定相应规则时，要积极参照现行的国际法要求，特别是遵守《京都议定书》和《联合国气候变化框架公约》的相关要求，使我国的国内 CDM 立法在充分尊重现行国际法精神的基础上，又能考虑到中国的实际情况，制定既与国际法规接轨，又体现我国国情的有中国特色的清洁发展机制法，力图平稳地将国际法的相关内容纳入我国的法律体系中。

（五）与国内其他法律相兼容原则

清洁发展机制项目在实施过程中，由于涵盖的法律关系较多，会涉及诸如合同法、经济法和其他的环境保护法等许多现行法律，复杂的法律关系使得 CDM 项目在实施中有许多法律适用的问题。这就要求我们在 CDM 立法过程中，要充分考虑到清洁发展机制法与国内其他相关法律的兼容与配合，积极利用现行法律的相关规定来规范 CDM 涉及的多种复杂法律关系，在现行法律的基础上使清洁发展机制法成为我国低碳减排法体系中的一个重要组成部分。

（六）公平与效率相兼顾原则

清洁发展机制的立法要体现公平与效率相兼顾的原则，既要保证 CDM 市场的公平竞争，又要根据我国国情维护弱势群体的利益，扶植中小企业的 CDM 项目发展。正如前面所分析的，由于技术、资金和专业知识的门槛较高，我国的 CDM 项目目前都集中在实力较雄厚的国有大型企业，而中小企业的 CDM 项目发展很有限。考虑到这样的现实情况，为了 CDM 市场的长远健康发展，为了推动我国全方位的低碳经济发展，促进环境友好技术的广泛引进，我国应该在国家政策上向中小企业倾斜，通过税收和财政优惠政策来鼓励中小企业通过 CDM 项目实现经济增长模式的转变，刺激外国投资者加大与中小企业的项目合作，加快中小企业的低碳高科技技术的引进。同时，基于中小企业对 CDM 基本知识的缺乏以及对申报程序不甚了解的现状，我国还应加强 CDM 项目的咨询和服务机构的发展，加强中小企业中 CDM 项目专项人才的培养，方便中小企业积极参与到 CDM 市场中。

（七）加强公众监督与参与原则

与其他环境保护法一样，有效的清洁发展机制法需要体现社会监督与公众参与的原则，充分发挥公众监督的作用，提高 CDM 项目市场的社会公信度。我国的 CDM 项目管理机构应该把 CDM 项目的审批信息公布在公共平台上，并要求 CDM 实施企业在 CDM 立项后公布其项目实施前后的温室气体减排量和生态效益的相关数据。把 CDM 项目的管理放在公众的监督之下能有效地减少行政管理机构人员和执法人员的腐败行为，有效地监督企业向国家上报真实的温室气体减排量、技术转让等 CDM 项目数据，防止一些不法企业通过捏造虚假数据来获取国家的项目批准，扰乱 CDM 市场的健康运行。

（八）坚持透明公开原则

我国的 CDM 立法应坚持透明公开原则，一方面，这一原则应该体现在 CDM 项目的评估标准和批准程序上，只有制定公开、科学、透明、公正和连贯的 CDM 项目评估标准和批准程序，CDM 项目才能快速有效地被审批和实施，才能便于公众进行监督，提高 CDM 项目的公信度，也有利于企业了解和熟悉项目评估标准和申报程序，提高企业的 CDM 项目申报成功率。另一方面，这一原则还应该体现在 CDM 管理机构对 CDM 项目实施情况信息的公开上。我国在这一点上应该向欧美国家学习，欧盟和美国都颁布了相关环境法案，赋予民众知晓与环境相关信息的权利。比如欧盟的指令性法律文件 Directive2003/4① 明确规定欧盟碳排放权交易体系有义务向公众公开环境方面的信息，包括碳排放权交易的信息。通过向公众公开 CDM 项目的实施信息，有利于提高社会对 CDM 的支持度和认可度，也有利于专家学者在获得准确翔实的数据信息的基础上对中国的 CDM 市场开展深入研究，为完善中国的 CDM 市场建设提出有益建议。

（九）与时俱进原则

清洁发展机制的国际法规本身需要不断完善，来适应新的发展要求。

---

① European Commission. Directive 2003/4/EC on public access to environmental information and repealing Council Directive 90/313/EEC［EB］. http：//eur－lex. europa. eu/LexUriServ/LexUriSe-rv. do？uri＝OJ：L：2003：041：0026：0032：EN：PDF. 2003 年 1 月 28 日/引用日期：2013 年 6 月 5 日。

比如"后京都时代"，CDM 项目将扩大适用范围，把更多的低碳减排项目纳入 CDM 市场中，CDM 执行委员会将进一步简化项目的运行规则、缩短审批时间以方便企业申请，并且将对最贫穷国家给予更多的政策优惠和对外援助等。[①] 这些变化都会引起 CDM 相关国际法规的更新，我国国内的 CDM 立法也应遵循与时俱进的原则，积极把相关 CDM 国际法的变化体现到我国国内的 CDM 法规中，同时结合我国国内 CDM 市场的发展情况，在政策法规上进行相应调整。为了保证清洁发展机制法的稳定性和连续性，我国可以在基本法不改动的情况下，以政府政策规定、管理办法的形式出台与时俱进的 CDM 项目运行管理规定来完善清洁发展机制基本法，只有到清洁发展机制法已不能再适应我国的 CDM 发展需要甚至与我国的国情相违背时，再考虑制定新的清洁发展机制法。

五 清洁发展机制的立法要素

（一）CDM 交易主体

我国清洁发展机制项目所涉及的法律主体包括 CDM 项目实施方、项目购买方、项目中介咨询机构、项目经营实体、行政主管机构和 CDM 执行理事会等。[②]

1. CDM 的项目实施方

CDM 的项目实施方指的是发展中国家承担项目实施的企业实体，也是 CDM 的卖方，这些企业可以通过发达国家的 CDM 项目投资获得经济和低碳减排效益，并同时获得环境友好技术的转让。[③] 按照《清洁发展机制项目运行管理办法》的要求，[④] 只有中国境内的中资和中资控股企业才有资格成为 CDM 项目的实施方。一些学者认为，我国在未来的清洁机制立法中应该降低这种资格门槛，取消对 CDM 项目股本中关于中资企业占主导地位的资格限制，以最大限度吸引国际投资。[⑤] 但是笔者认为，国家当

① 杨越：《中国清洁发展机制法律制度探讨》，《生态环境学报》2011 年第 20 期。

② 赵学清、陈冠伶：《CDM 交易主体的法律问题初探》，《河北法学》2011 年第 10 期。

③ 刘航、杨树旺、唐诗：《中国清洁发展机制：主体、阶段、问题及对策》，《经济论坛》2013 年第 2 期。

④ 2011 年《清洁发展机制项目运行管理办法（修订）》第 10 条。

⑤ 持这样观点的学者包括陈冠伶，参见陈冠伶《中国 CDM 交易制度的法律问题及应对措施》，《社科纵横》2012 年第 2 期。

前法规对于项目实施方的资格限定，有利于维护国家利益，有助于确保
CDM 项目市场的规范性和长久发展，所以应该在新的清洁发展机制立法
中继续保持这样的关于项目实施主体资格的限定。

2. CDM 的项目购买方

CDM 的项目购买方是加入《京都议定书》的附件一发达国家缔约方
及这些国家境内的经营实体。具体来分，CDM 项目买家可以归纳为以下
几类：政府型买方，主要通过政府设立的碳基金进行 CDM 项目购买；以
国际碳机构和投资银行为代表的中间买方；以欧美能源公司为代表的合规
买家。①

3. 项目中介咨询机构

由于 CDM 项目本身的申请程序复杂，CDM 项目方法学的不容易掌
握，以及成功注册和获得项目 CERs，需要专业的知识和经验，这些因素
使得 CDM 项目中介咨询机构成为许多中小企业进入 CDM 市场所必须倚重
的第三方力量。具体来说，CDM 中介咨询机构主要帮助 CDM 实施企业完
成从项目设计到批准、审定、注册、审核和签发整个过程，在这一过程中
提供专业的知识以及相关的专业服务包括融资和培训等。

4. 项目经营实体

项目经营实体（Designated Operational Entity，DOE）是由 CDM 执行
理事会批准的独立的审计机构，它的主要职能有两个：一个是确认项目计
划书是否达到标准（Validation），并依此决定是否要求 CDM 执行理事会
注册此项目；另外一个职能是核证实施的 CDM 项目是否达到计划的温室
气体减排量（Verification/Certification），然后根据核证的结果向 CDM 执
行理事会建议该项目应该被签发的 CERs 量。② 通常对于大规模的 CDM 项
目，一个 DOE 只负责这两项职能中的一项。然而，如果有要求，CDM 执
行理事会也可以授权同一个 DOE 承担对某个 CDM 项目的确认和核证两项
职能。

---

① 刘航、杨树旺、唐诗：《中国清洁发展机制：主体、阶段、问题及对策》，《经济论坛》
2013 年第 2 期。

② UNFCCC. Designated Operational Entity（DOE）. https：//cdm. unfccc. int/DOE/index. html.
英文原文："A designated operational entity（DOE）is an independent auditor accredited by the CDM
Executive Board（CDM EB）to validate project proposals or verify whether implemented projects have a-
chieved planned greenhouse gas emission reductions"。

5. CDM 行政主管机构

CDM 行政主管机构（DOA）是各国政府指定的管理 CDM 项目实施的行政主管机构，负责受理本国的 CDM 项目申请，出具 CDM 项目国家批准书，对项目进行监管。根据我国当前的《清洁发展机制项目运行管理办法》第 9 条规定，国家发展和改革委是中国清洁发展机制项目的行政主管机构，同时根据《清洁发展机制项目运行管理办法》第 8 条规定，我国还设立了清洁发展机制项目审核理事会，负责对申报的 CDM 项目进行审核。明晰的行政主管机构责任是确保清洁发展机制项目健康运行的必要条件，在完善清洁发展机制的立法中除了要设立 CDM 行政管理机构，还需要有力的执行机构来确保项目在实施过程中能真正"依法办事"，对于违规行为能依法惩治。

6. CDM 执行理事会

正如前面所介绍的，CDM 执行理事会（EB）是《京都议定书》缔约方授权管理清洁发展机制的执行机构，它对《京都议定书》的缔约国负责，职责包括 CDM 项目的国际注册和 CERs 的最后签发。

（二）交易客体 CERs 的法律属性和所有权

从法律角度来讲，清洁发展机制交易的项目客体是经核证的减排量（CERs）。CERs 是 CDM 项目实施所产生的有价值的商品，然而我国当前的《清洁发展机制管理办法》没有明晰界定 CERs 的法律属性和所有权，不利于保障 CDM 项目实施主体的合法权益。CERs 被普遍认为具有财产权利的属性，然而 CERs 不同于一般商品，它的交易有严格的限制条件，这种商品交易不能实现完全的市场流通，而且买卖主体资格有着严格限定，即只能是附件一缔约国和发展中国家的经营实体；CERs 也不同于碳排放权之类的碳商品，它不是基于政策的衍生物，CERs 的产生与具体的 CDM 项目实施效果相挂钩。[①] 在我国当前的法律实践中，与环境相关的资源一般采取以产权为基础的方式对待，CERs 也应被视为产权。为了吸引 CDM 项目投资者，考虑到 CDM 项目实施企业所承担的高风险，笔者认为我国的清洁发展机制法应该明确 CERs 的私人所有权属性，明确规定 CERs 收益归属项目实施企业所有，同时 CDM 实施企业也要把一部分收益上缴政府，来支持环保公共事业的发展。

---

① 冷罗生：《CDM 项目值得注意的几个法律问题》，《中国地质大学学报》2009 年第 4 期。

（三）CDM 项目收益分配

按照现行的《清洁发展机制项目运行管理办法》第 36 条说明规定，CDM 项目所产生的收益归政府和实施企业所有，《清洁发展机制项目运行管理办法》还给出了不同 CDM 项目中，国家与项目实施主体之间温室气体减排量交易额的分配比例。从法律角度来说，政府的这种获得项目利益的权利缺乏明晰的法律依据支持，一方面由于政府并不是企业 CDM 项目的参股方，所以无法按照股权红利的方法获得项目收益；另一方面 CDM 项目收益并没有纳入现有的税制框架之内，所以也无法通过赋税上缴国家。因此我国需要在新的 CDM 立法中明确政府获得 CDM 收益的法律依据。

一些学者认为，我国应该对现行的管理办法进行改革，取消关于政府从 CDM 项目中获得利益的规定，而把 CDM 项目所得收益全部归实施企业所有，以提高企业的积极性。[1] 笔者认为，鉴于我国 CDM 项目市场发展还处于早期阶段，CDM 项目的实施范围还有待提高，我国目前应该加大对 CDM 项目企业的鼓励，减轻企业的负担，所以 CDM 项目的收益应该主要分配给实施的企业，同时可以考虑要求企业以税收的形式把一小部分收益上缴国家和地方政府，作为政府低碳减排的专项基金，这部分资金必须要专项投资到低碳减排的公共建设方面，资金如何使用要受到社会的公共监督。考虑到当前中小企业的 CDM 项目实施面临着资金和技术等多方面挑战，我国在清洁发展机制法实施初期可以考虑对中小企业的这部分项目收益税施行减免，以刺激国外投资者加大与中小企业的项目合作，提高中小企业 CDM 项目竞争力。

（四）项目主体和监管人员的法律责任

现行的 CDM 管理办法的一个缺陷就是没有明确项目主体和 CDM 项目监管人员的法律责任。在新的清洁发展机制法中要明确项目主体和项目监管人员在项目实施过程中的责任和义务，对于不遵照 CDM 项目合同的项目主体，要追究其相应的行政责任、民事责任和刑事责任，对玩忽职守、徇私舞弊的管理人员要依法给予行政和刑事处罚。

（五）CDM 服务行业规范

由于 CDM 项目本身申请程序复杂，涉及的专业知识较多，又需要熟

---

① 陈冠伶：《中国 CDM 交易制度的法律问题及应对措施》，《社科纵横》2012 年第 2 期。

悉国际国内的法律规则，使得国内不少中小规模企业很难单靠自身力量完成 CDM 项目的申请，这就催生了 CDM 中介咨询行业的兴起。然而我国当前 CDM 咨询中介市场存在着良莠不齐、鱼龙混杂的局面，针对这一问题，一些学者建议，我国应该在清洁发展机制法中引入 CDM 准入机制，提高中介咨询机构进入 CDM 市场的门槛，对 CDM 中介机构的从业人员进行资格考试，对咨询中介机构的服务能力进行考察，只有达到行业要求规范的中介机构才能被授予营业资格，以规范 CDM 服务行业。① 另外，为了 CDM 服务行业的健康发展，我国政府还应该鼓励中介咨询行业协会的成立，通过定期组织信息交流和业务培训，行业协会有助于提升整个行业的知识和服务水平，也便于国家对 CDM 咨询行业的监督管理。

（六）CDM 项目的政府责任

CDM 立法还应明确政府在 CDM 项目实施中的法律责任。由于大气环境具有公共物品的非竞争性和非排他性属性，使得 CDM 项目市场如果仅仅依赖市场调节会造成公共物品滥用，温室气体过量排放的不良后果，② 这就需要政府在尊重市场运作法则的基础上发挥积极的干预调节作用，以减少市场失灵的风险，保证 CDM 市场的健康运行。我国政府在 CDM 实施中，应该扮演既是管理者又是服务者的角色，我国的 CDM 法规应该在赋予政府权力的同时，还要明确政府要承担的义务和责任。至少在以下几个方面，法律上应该明确政府在 CDM 管理中的责任：确保 CDM 项目的审批程序公开、透明、公正和高效；积极推进由 CDM 带来的绿色技术在企业中全面推广；加强企业的 CDM 能力建设，特别是加强 CDM 知识的宣传和 CDM 相关专业技能的培训；建立配套的激励和保障体系，对 CDM 项目发展受限的中小企业实行资金和税收上的优惠政策，以鼓励更多企业参与到 CDM 市场中，对于申请 CDM 项目的企业提供服务支持。③ 同时公众和企业应该被赋予对政府进行监督的权利，以提高政府运作效率，避免政府腐败行为的发生。

---

① 田丹宇：《清洁发展机制法律风险规制研究》，《江苏大学学报》2013 年第 1 期。

② 张永宁、辛翠平：《我国清洁发展机制项目实施中的政府责任研究》，《山东行政学院学报》2012 年第 2 期。

③ 史玉成、杨睿：《清洁发展机制中政府环境责任的完善》，《西部法学评论》2012 年第 5 期。

（七）项目合同的法律基础

减排购买协议（Emission Reduction Purchase Agreement，ERPA）是 CDM 买卖双方签订的具有法律约束力的核心项目合同协议。从法律的角度来看，CDM 项目合作关系是附件一缔约国经营实体与发展中国家 CDM 实施方之间基于碳减排量购买协议的国际合同关系。CDM 合同具有一般合同的对内约束当事人、对外防止他人侵犯的双面效力，但是它又不同于一般的商业合同，现行的中国《合同法》中，还没有适用于 CDM 合同这种涉及未来减排量的具有期货交易特点的合同规定，所以在实践中，CDM 项目多是按照我国《合同法》的基本原则来把握，由于我国缺乏对 CDM 项目合同这种新的经济关系和法律关系的相关法律规定，使得 CDM 项目在实施过程中存在着合同效力无法保障的法律风险。①

我国有必要在 CDM 立法中，结合相关《合同法》的基本原则，制定符合 CDM 项目合同关系特点的法律规定，来减少这方面的法律风险。应该看到，CDM 项目实施过程中的各个阶段都存在着潜在风险，而我国清洁发展机制法的缺失、我国处理 CDM 问题的司法经验的不足，都加剧了可能存在的风险和隐患，我国亟须改变当前 CDM 市场无法可依的局面，加快清洁发展机制法的出台，修补现行《清洁发展机制管理办法》存在的法律漏洞，加强风险规避意识。

（八）引入控制风险主体

由于减排购买协议 ERPA 通常是由 CDM 买方聘请律师起草的英文协议，它在诸如价格条款、违约条款、双方争议解决条款等条款上往往更注重保护发达国家买方的利益，这无疑增加了发展中国家包括我国 CDM 项目实施企业的法律风险。比如 ERPA 的违约条款中买卖双方所承担的风险就不对等，买方主要是付款义务，其履约风险小；而 CDM 卖方要承担确保 CDM 项目正常顺利实施的履约风险，受不确定因素的影响较大，如果因外界因素出现卖方无法履约的情况，如何应对随之而来的合同纠纷，如何在国内法律上做相应的防范成为发展中国家包括我国需要思考的问题。②

---

① 田丹宇：《清洁发展机制法律风险规制研究》，《江苏大学学报》2013 年第 1 期。
② 陈娟丽、许鸣：《"后京都时代"清洁发展机制项目减排量购买协议的法律风险》，《生态经济》2011 年第 12 期。

鉴于 CDM 本身的复杂性以及 CDM 实施过程中的很多环节都存在着潜在风险，为了降低 CDM 项目实施的风险，一些学者建议可以引入一些降低风险的主体到 CDM 中。[①] 首先是精通 CDM 法律业务的律师，如果专业的 CDM 律师可以从 CDM 合同签订到 CDM 项目实施以及 CERs 的签发能够全程参与指导，就能大大降低我国 CDM 实施企业的法律风险，防范可能的跨国纠纷和诉讼，然而我国这方面人才目前很缺乏，需要加大培养专业法律人才的力度。另外，一个可以降低 CDM 项目实施潜在风险的主体是保险公司。由于 CDM 具有高风险、高回报的特点，所以，CDM 非常适合引入保险机制，这样一方面可以降低我国 CDM 业主的经济投资风险，也可以使我国的保险业扩展到一个新领域，我国应该在清洁发展机制法中允许保险业的引入。

（九）争议协调解决机制

由于 CDM 合同的周期一般较长，CDM 的终端产品 CERs 不确定性和期货的特点，这就使得买方和卖方之间很可能出现争议和纠纷。一旦产生纠纷，ERPA 解决争议条款所规定的适用法范围和司法管辖权成为另一个不利于发展中国家的因素。现实的情况是，目前的 ERPA 通常采用两种方式规定跨国纠纷产生时的适用法范围，一种是以买方所在国家的法律为准据法，另一种是以第三方国家法律为适用，这两种情况都涉及跨国诉讼，然而我国相关法规的缺失无疑使我国的 CDM 业主处于不利地位。我国现行的《清洁发展机制管理办法》没有规范如果项目合同双方出现合同纠纷，项目主体该如何解决纷争，以及如何开展可能的民事诉讼。基于这样的情况，我国亟须在 CDM 立法中建立有效的争议协调机制，加入跨国诉讼等内容，以最大限度地保护我国企业的正当利益，并为可能的跨国纠纷解决奠定法律基础。

第五节　结语

2012 年的联合国气候变化多哈会议成功地兑现了南非德班会议的承诺，终于赶在第一承诺期结束之前，形成决议从 2013 年起开始《京都议

---

① 田丹宇：《清洁发展机制法律风险规制研究》，《江苏大学学报》2013 年第 1 期。

定书》的第二个承诺期（2013—2020 年）。这给予了世界所亟须的缓冲期来形成新的全球减排协议，从国际法角度来看，《京都议定书》的延长从法律上保证了 CDM 市场运作的连贯性和稳定性，也给了中国在内的发展中国家更多的时间来适应国际低碳减排要求。面对发展中国家在未来几年内也要被逐步纳入强制减排体系的压力，我国需要充分利用 CDM 机制所带来的低碳减排技术和绿色资金，尽快实现我国经济的低碳转型，才能从根本上赢得主动，在新的国际气候变化谈判中赢得话语权。从法律角度来讲，我国亟须建立包括清洁发展机制法在内的一系列低碳减排法，为我国的绿色经济发展奠定所必需的良好法制环境。

本书研究表明虽然 CDM 存在着诸多不足，但是它能够帮助 CDM 实施国实现温室气体减排和可持续发展的双重目标。所以笔者认为无论未来世界形成怎样的新的全球应对气候变化协议来代替《京都议定书》，CDM 作为一个双赢的市场机制都应该被纳入新的国际低碳减排法框架中。作为世界上最大的 CDM 项目实施国，我国虽然有较好的 CDM 发展前景，然而我国当前存在着 CDM 市场不健全、缺乏 CDM 法律支持的问题。为了改变我国当前 CDM 市场无法可依的不利局面，提高我国应对清洁发展机制法律风险的能力，推动 CDM 市场的长久、全面、健康发展，我国亟须 CDM 立法来为我国 CDM 项目市场的发展提供坚实的法律基础。

第三章

"十面霾伏"下的有中国特色
碳税之路的法律思考[①]

第一节　引言

2013 年 1 月的一场持续多天的覆盖全国大多数省市的雾霾，再次向中国敲响了环境忧患的警钟，警醒国人中国的大气污染和碳排放问题已经到了非常严重的程度，加大力度推进碳减排已经刻不容缓。这次空气污染事件的主要元凶是煤炭污染（其主要来源是电厂、工业燃煤锅炉等）、工业废气和汽车尾气。触目惊心的"十面霾伏"，已经让我们无法再逃避现实存在的深重的生态忧患，建设一个低碳的"绿色中国"已经不能再是一个停留在书面上的口号，而是需要实实在在的行动使政府的低碳减排政策"硬起来"，通过行政和市场手段将落后产能尽快淘汰出局，积极推动中国经济模式转向低碳发展。

面对这场严峻的环境危机，面对老百姓的深切疑问，我们是否走得出"十面霾伏"？值得庆幸的是我国政府已经"在路上"。在全球气候变暖，低碳转型已经成为历史必然的大背景下，世界各国政府正在采取一系列措施来降低碳排放。作为一个有国际责任感的大国，本着对中华民族和全人类长远发展高度负责的精神，中国已经向全世界郑重承诺到 2020 年要实现单位国内生产总值碳排放量比 2005 年下降 40%—45% 的目标。刚刚闭幕的中国共产党第十八次全国代表大会更是首次把生态文明放在突出地位，将生态文明建设提到与经济建设、政治建设、文化建设、社会建设并

---

① 笔者基于本章内容学术文章《"十面霾伏"下的有中国特色碳税之路的法律思考》已经发表在《国际法研究》2013 年总第八卷。

列的位置，倡导"五位一体"的布局，这显示了中国应对气候变化的决心和毅力。然而要实现这样的减排目标，把我们国家真正建设成为低碳的"美丽中国"，我们还任重道远，需要在政治、经济、法律等社会各方面进行系统和大刀阔斧的变革。从法律角度来说，中国需要进一步完善现有的环境保护法，积极推进符合中国国情的低碳减排法律体系的建立。

为了推进中国绿色经济的发展，作为推动低碳法律体系建立的重要一步，中国政府已经开始酝酿碳税立法。这一点对于改变中国长期以来侧重行政管制而疏于运用市场刺激机制的环境保护局面无疑是可喜的进步，[①]然而面对国际上的诸多争论，许多国家实施碳税法的经验教训，中国的碳税立法和实施又该何去何从？正如中国首部气候变化应对法的立法组主要负责人常纪文教授指出的，在必要时征收碳税已经成为社会各界的共识，但如何科学、合理、公平地征收碳税却是一个难题。[②]中国该建立怎样既符合中国国情，又同时与国际接轨的碳税法？本章将带着这样的问题，积极探讨中国碳税法之路的挑战和应对方案。

第二节　碳税法优缺点的理论分析

一　碳税法的理论渊源

简而言之，碳税（carbon tax）是以减少二氧化碳（CO_2）排放为目的，针对二氧化碳排放征收的一种应对气候变化税，是环境保护税的一种。在具体实施上，碳税通常对化石燃料（如煤炭、天然气、汽油和柴油等）按照其碳含量或碳排放量征收。[③]碳税的一个重要理论根源是福利经济学中的外部性问题，即一个经济主体从事某项经济活动而给他人带来收益或损失的情形：当成本大于收益，利益外泄却又得不到应有的效益补偿时，就出现正的外部性问题；而当成本小于收益，受损者却得不到损失

---

① 李传轩：《应对气候变化的碳税立法框架研究》，《法学杂志》2010 年第 6 期。

② http：//news. china. com. cn/law/2012 - 03/19/content_ 24930054. htm，最后访问日期：2013 年 2 月 18 日。

③ 财政部财政科学研究所课题组：《中国开征碳税问题研究》，中国可持续能源项目，2009 年 9 月。

赔偿时，就出现负的外部性问题。[①] 在温室气体的排放上，由于私人碳排放者的成本小于社会成本，就产生了负外部性的问题。

英国经济学家庇古所提出的"庇古税"（Pigovian Taxes），就是通过征税等政策手段来消除负外部性的问题。具体来说，"庇古税"是政府根据污染所带来的危害，对排污者以收税的形式把污染的成本加到价格中去，以弥补私人成本和社会成本之间的差距。[②]"庇古税"理论是要将环境外部成本内在化，使政府通过征税提高环境污染和二氧化碳排放的成本，通过市场机制来引导企业和消费者从事低碳减排的绿色经济活动。具体来说，从生产环节来看，由于整个生态环境是自由财富，在对企业的环境污染和碳排放不征税的情况下，企业就不用承担由于生产所引起的环境污染和气候变化的社会成本，使得企业容易在追求经济利益最大化的过程中无视对环境可能造成的污染；从消费环节看，如果一种消费品在消费过程中对环境和大气产生了消极作用，而产品的价格没有体现这样的环境成本，消费者就不用为使用过程中的这种副作用承担相应的代价，就不利于低碳消费品在市场上的推广。[③]

在各国的碳减排实践中，通常采取两种途径来控制温室气体排放：一种是通过行政强制手段，自上而下将任务层层分解的命令控制型的直接管制手段；另一种是利用市场化手段，通过采用经济激励与约束机制，诱导市场主体自下而上地自主进行碳减排的市场驱动型经济刺激机制。[④] 我国目前采取的多是第一种以行政强制手段来减少碳排放，这一手段强调行政力量的干预，通过各类行政强制标准和行政处罚手段等来减排，但是这一方法有一个明显的弊端，就是容易发生政府失灵的问题，存在着手段僵硬、低效等缺陷，这也是我国近年来减排投入不少但是效果不理想的一个重要原因。经济学家普遍认为，应对气候变化，基于市场的激励型工具要比传统意义上的命令强制型手段更为有效。碳税就属于激励型的市场刺激机制，[⑤] 通过市场价格机制来引导经济活动向低碳经济的方向转变，与行

---

① 马海涛、白彦锋：《我国征收碳税的政策效应与税制设计》，《环境与税收》2010年第9期。

② 苏明等：《我国开征碳税问题研究》，《经济研究参考》2009年第72期。

③ 同上。

④ 李传轩：《应对气候变化的碳税立法框架研究》，《法学杂志》2010年第6期。

⑤ 另一个有效的碳减排市场刺激机制是排放权交易机制。

政手段相比，具有间接性、灵活性和自愿性的特点。

二　碳税制度的优势

碳税的优势是毋庸置疑的，具体可以将碳税法的优点概括为以下几点。

（一）促进低碳发展

碳税法的实施能有效地促进企业提高能源使用效率，通过提高生产效率研发新技术来适应绿色经济增长的要求，同时还能促进绿色低碳产品在市场上的推广。简而言之，开征碳税能有效促进中国的积极发展模式的转变，推动中国经济的可持续发展。

（二）实施容易

因为不用另设碳税税制机构，可以依托于现有的税收机构，碳税法的实施较为容易，行政制度上的阻碍相对小。

（三）公平公正

由于碳税征收遵循"污染者付费"原则，相对公正地解决了环境外部成本该由谁承担的问题，所以较容易实现透明、公平和公正。[①]

（四）"双重红利"效应

碳税的实施还可能带来"双重红利"（double dividend）效应，即在维持国家税收总体收入不变的情况下开征碳税，并相应减少企业所得税、个人所得税和投资税等，这样不仅碳税能有效促进碳减排，实现第一重红利，还可以通过碳税收入来减少现存税制对资本和劳动生产的扭曲，从而实现刺激投资、拉动就业、促进绿色经济增长的第二重红利。[②]

三　碳税法实施的弊端

尽管碳税有诸多好处，但是也存在着明显的不足，这就是为什么无论是在理论界还是在业界，对于碳税的争议仍很多，许多国家仍然处于观望状态，不敢贸然实行。我国只有在做好充足准备的基础上，在合适的时机实施碳税法，才能最大限度地利用其优点而避免其弊端。碳税的弊端可以概括为以下几点。

---

① 谈尧：《中国实行碳税政策的利弊分析》，《财政监督》2009 年第 12 期。
② 薛钢：《关于碳税设计中的此有选择研究》，《中国人口、资源与环境》2009 年第 12 期。

（一）影响企业竞争力

碳税可能会给国家和社会带来较大的经济负担，影响产业的国际竞争力，尤其给出口带来压力。特别是当政府不能通过采取相关税收优惠和补偿措施来减弱碳税政策对企业的国际竞争力的负面影响时，以及企业不能在较短的时间内通过采用低碳新技术来提高企业竞争力时，碳税法的实施就容易遭到抵制。碳税政策还可能引起化石能源价格上涨，诱发通货膨胀，滞缓经济增长。

（二）增加生活成本

开征碳税可能对居民生活带来不利影响。开征碳税可能会影响经济发展，引起物价上涨，特别是能源（包括交通）价格上涨，增加民众的生活成本。尤其是低收入人群对碳税征收可能带来的生活成本增加额外敏感，可能会降低他们的生活水准。

（三）管理难问题

碳税制度存在着开设容易、管理难的问题，这对政府相关机构根据市场反应来及时调整税率的能力是个很大的挑战。①

（四）碳泄漏问题

从国际上来看，由于《京都议定书》规定的各国所承担的碳减排义务的差别以及各国进行温室气体减排的力度和决心的差异，容易使得各国在是否实施碳税法和采用多高的碳税税率上存在差别，这种碳税制度的差异（加上其他碳减排手段的不同），可能会导致碳泄漏（carbon leakage），②这就需要国家间进行碳税的协调。③

四 碳税法在全球的实践考察

近年来，一些国家先后实施碳税法，作为其政府积极应对气候变化的重要市场刺激手段。在这一节中，笔者将分析全球具有代表性的国家实施碳税法的经验和教训，以期通过横向比较，对中国的碳税法立法和实施提供有益的借鉴。

---

① 谈尧：《中国实行碳税政策的利弊分析》，《财政监督》2009 年第 12 期。

② 碳泄漏（carbon leakage）是指为了逃避或减少所付的碳税，碳排放由碳排放成本高的国家即实施碳税法或碳税税率高的国家，转移到碳排放成本低的国家即不实施碳税或碳税税率相对较低的国家。

③ 苏明等：《再说碳税》，《环境经济》2011 年第 4 期。

（一）实践考察之一：欧洲碳税法实施情况

北欧等国是全世界最早实施碳税法的国家，欧洲其他国家也逐步地开始开征碳税，欧盟一直在试图建立一个包括所有欧盟成员国在内的统一碳税，加上欧洲已经建立了涵盖整个欧盟的碳排放权交易机制（Emission Trading Scheme），欧洲无疑在利用市场刺激手段来实行碳减排方面走在了世界的前列。

1. 芬兰

芬兰从 1990 年起征收碳税，征收的范围是矿物燃料，是根据含碳量来征收碳税，在碳税征收上采取税率由低到高，逐渐增加的原则。这样的做法有利于碳税法的顺利实施。芬兰碳税收入直接进入一般预算。芬兰的碳税实施取得了良好的成效。

2. 丹麦

丹麦从 1992 年开始对家庭和企业同时征收碳税，征收范围涵盖汽油、天然气和化石燃料以外的所有二氧化碳排放，计税基础是燃料燃烧时的二氧化碳量，税收收入的一部分被用于企业的节能项目补贴，企业还享受税收返还等优惠政策。丹麦的碳税收入全部循环回到工业。丹麦的碳税法推动了丹麦能源结构的调整，使得可再生能源和清节能源的比重逐步增加，二氧化碳排放量不断下降。

3. 挪威

挪威从 1991 年开始征收碳税，征收范围包括汽油、矿物油、天然气、煤和焦炭等，对航空、海上运输等部门给予税收豁免，同时对造纸业等部门征收规定标准一半的税率。研究显示挪威的碳税法取得了明显的碳减排效果。

4. 瑞士

瑞士于 2008 年起开征碳税，瑞士碳税制的一个值得推崇的特点在于其推行政府强制征税与企业自愿减排相结合的政策。这给企业更多的选项来实现减排，更有利于调动企业碳减排的积极性和能动性，瑞士的碳税收入按征收比例返还给企业和居民。瑞士的碳税政策加上其他减排手段的有效利用，大大降低了瑞士国内的碳排放量，使得瑞士能够顺利实现《京都议定书》所规定的减排目标。

5. 英国

英国从 2001 年开始征收气候变化税（climate change levy），其征收对象为使用能源的商业、工业、农业、政府部门等，居民和慈善机构不在征税范围中，其税收收入循环回到工业中，用于提高能源利用效率和研发低碳技术。[①]尽管英国的碳税法积极促进了英国的碳减排，然而有许多反对的声音在担心英国的碳税会使英国的能源价格大幅上涨，增加民众的生活成本，给社会带来经济负担，降低企业的国际竞争力。

6. 荷兰

荷兰从1996年开始实施碳税，征收的能源种类包括液化石油气、汽油、燃料油、天然气和电力。碳税的税基是能源税和碳税，税款被用于政府治理环境的公共支出，碳税的纳税人为燃料生产商和出口商。[②]荷兰的碳税取得了良好的效果，从开征碳税以来，荷兰的碳排放量稳步下降。

7. 法国

法国是欧洲少数没有开征碳税的发达国家，2009年法国也曾酝酿要开征碳税，却不幸未能得到足够的支持而未推行下去。民意调查显示70%的民众反对征收碳税，企业的反对声也很大。究其原因主要是碳税方案设计不合理，尽管法案规定征收碳税后民众将享有个人所得税和社会福利税方面的减免，然而由于碳税涉及日常生活的各方面，最后的累计效果仍然是物价大幅上涨，使得最终是社会上的一般居民而不是那些碳排放企业在负担碳税政策带来的负面影响。法国的碳税法案"胎死腹中"的教训，无疑警醒我国在推行碳税政策的时候要以公民的福利为着眼点，不能损害民众的利益，特别是应避免出现企业把碳税税负向老百姓身上转嫁的情况，这样才能使碳税法得到社会的支持和积极响应。[③]

（二）实践考察之二：美国、澳大利亚和加拿大的碳税法实施情况

相对于欧洲大部分国家碳税法的顺利实施，在美国和澳大利亚，碳税法的实施，都引起了很大的争议，澳大利亚在经过长时间的艰难斗争后终于开始实施碳税，然而碳税法一经公布就引来很多的反对甚至示威游行抗

---

① http://www.decc.gov.uk/en/content/cms/emissions/ccas/cc_levy/cc_levy.aspx，最后访问日期：2013年2月18日。

② 财政部财政科学研究所课题组：《中国开征碳税问题研究》，中国可持续能源项目，2009年9月。

③ 晏琴：《法国碳税"胎死腹中"之鉴》，《经济研究参考》2010年第48期。

议，而美国至今没有能在全国范围开征碳税。这些国家在碳税问题上所遇到的社会阻力和加拿大不列颠哥伦比亚省的成功经验，无疑提醒我们，只有在充分准备和合理设计的基础上开征碳税，中国的碳税法才能既实现碳减排的目的，又能赢得社会的支持。

1. 美国

美国目前还没有开征全国范围的碳税，但是学术界与业界对于这一问题的关注和争论却一直没断。从趋势上来看，美国最终要在全国范围实施碳税法，然而由于阻力很大，碳税法的实施还不会在短期内实现。美国现已有科罗拉多州（Colorado）的玻尔得市（Boulder）从 2007 年开始实行碳税法，对电力使用征税，其中对电力来源为可再生能源的电力使用实行减税，碳税收入由市政府环保部门用于碳减排投资。[①] 加利福尼亚州的港湾地区空气质量管理区（包括旧金山海湾地区的九个郡县），于 2008 年开始对企业征收碳税。

2. 澳大利亚

从 2012 年起，澳大利亚经过多年艰苦的政治角力之后，终于开始实施备受争议的碳税法案《清洁能源法》。这一法案强制大约 300 家对环境有严重污染的企业，为排放每吨温室气体支付 24 美元的税款，这也是全球最贵的碳税。在该碳税法得到环境保护主义人士大力支持的同时，反对派却称之为"有毒的税法"，批评它将牺牲许多工作岗位，还会提高老百姓的生活费用。澳大利亚各地出现大规模的针对碳税法的示威抗议，包括矿产、能源等在内的行业，都将受到新法案的影响。由于澳大利亚的矿业是碳排放大户，在碳税法实施时，所受的冲击可能最大。根据澳大利亚的碳税法，矿业并不属于规定的"碳排放密集及贸易竞争型行业"，所以不会获得碳税免费许可。一些分析人士担忧，在全球经济增长疲软的大背景下，澳大利亚的碳税法案会导致矿业投资出现降温，对依赖矿业的澳大利亚经济产生巨大冲击。

3. 加拿大

加拿大还没有全国统一的碳税，但是已经有两个地方省开始征收碳税。最早开征碳税的是加拿大魁北克省，从 2007 年开始，魁北克省对石油、天然气和煤征收碳税，约有 50 家能源公司被征税，尽管

---

① http://en.wikipedia.org/wiki/Carbon_tax，最后访问日期：2013 年 2 月 18 日。

碳税税率很低，但却使得魁北克省成为北美首先实施碳税法的地方。[①]
加拿大魁北克省的纳税对象是中间商，即能源和石油公司，而不是消费者。

从 2008 年起，加拿大的不列颠哥伦比亚省开征实施碳税法，征收范围包括汽油、柴油、天然气、煤、石油以及家庭供暖用的燃料等所有化石燃料，不同燃料所征收的碳税不同。省政府没有通过碳税来增加收入，而是通过减税的方式，将碳税的收入还给省民，[②] 具体来说，碳税税收将以削减所得税的形式回馈给个人和公司。新税收并未削弱不列颠哥伦比亚省的经济，该省的失业率也略低于全国平均水平，而其经济增长却略高于全国。由于碳税的起征点不高，而且也提前阐明了税率上涨计划，各企业有充足的时间，制订计划，减少碳使用量。所以该省的碳税法不但有效地促进了碳减排，没有对其经济产生不良影响，还得到了很高的民众支持。这无疑为其他国家和地区的碳税推行树立了好的榜样。

（三）实践考察之三：亚洲碳税法实施情况

亚洲的大部分国家还没有实行碳税，但是一些国家如韩国、中国等，都已经开始酝酿开征碳税。亚洲国家中目前只有日本和印度颁布了碳税法。

从 2012 年起，日本开征碳税，碳税征收对象是使用化石燃料的单位，范围既包括工厂企业，如煤炭、石油、天然气的消费大户，采用化石能源发电的企业等，又包括家庭和办公场所，其碳税收入的一半用于投资低碳技术。

作为世界第三大二氧化碳排放国，印度从 2010 年起征收碳税，对本地生产的以及进口的煤炭征收碳税，税率为 1.07 美元/吨（煤）。印度的减排行动无疑为世界上其他碳排放大国做出了表率。[③]

---

① http：//www. carbontax. org/progress/where－carbon－is－taxed/，最后访问日期：2013 年 2 月 18 日。

② http：//www. most. gov. cn/gnwkjdt/200803/t20080307＿59642. htm，最后访问日期：2013 年 2 月 18 日。

③ "Carbon tax and emissions trading: how countries compare"（碳税和碳排放权交易：国家间的比较），2011 年 7 月 10 日。http：//www. guardian. co. uk/environment/2011/jul/10/carbon－tax－emissions－trading－international，最后访问日期：2013 年 2 月 18 日。

第三节　国际碳税法经验对中国碳税立法的启示

同样是实施碳税，为什么有的国家实施得很顺利，既取得了减排的良效，又没有对经济发展造成负面影响，如北欧国家和加拿大的不列颠哥伦比亚省，然而一些国家的碳税法案从一开始就举步维艰（如澳大利亚），甚至由于争议太大、民众的反对太强而无法得以实施（如法国）。这一现象，值得中国深思。中国是否能承受碳税之重？正如王岩等学者所指出的，碳税尽管在理论上可行，但是在实践中却面临着两难的选择，走出碳税制度在实践中的两难困境，从法律角度来说，其关键就是要通过科学的立法和合理的实施来尽量发挥其优势而同时避免其负面影响。[①] 正是基于这样的出发点，在总结其他国家碳税实施的经验教训的基础上，在以下章节，笔者将从立法目的、碳税法的设计、碳税法的实施等方面，积极探讨中国如何走出一条有中国特色的碳税法之路。

一　碳税法的立法目的

碳税法的立法目的是要通过碳税这个市场刺激机制，来推动中国的碳减排，提高能源利用效率，推动现有的能源结构由以煤炭为主向以清洁能源和可再生能源为主的能源结构转变，促进绿色低碳技术研发，推动我国的低碳产业结构调整，推进低碳城市化进程，转变中国过去以能源密集型产品为主的出口结构为以高技术高附加值产品为主的出口局面，从根本上提高中国的国际竞争力，推动中国经济向低碳化发展。同时通过主动开征碳税，能有效地遏制发达国家对我国可能采取的贸易保护主义制裁如碳关税，帮助树立我国"负责任的大国"的形象，在应对气候变化的国际谈判中赢得主动。从根本上说，碳税作为中国应对气候变化的一个重要的市场手段，与其他政策手段相结合，目标是要使我国在实现碳减排的同时，发展可持续的绿色经济，实现绿色增长（Green Growth）。

二　碳税法的立法原则

基于中国仍然是发展中国家的国情，并借鉴外国碳税法的经验教训，

---

① 王岩、张建超：《国外碳税研究文献综述》，《广东社会科学》2011 年第 1 期。

笔者认为，中国的碳税法立法应遵循以下几个原则。

（一）兼顾约束和激励作用相结合的原则

碳税法的立法要兼顾约束和激励两方面的作用，一方面通过碳税法来限制企业和个人的化石能源的消耗，转变我国能源消耗结构不合理的局面；另一方面通过碳税的市场刺激作用鼓励企业使用清洁能源，研发低碳新技术，提高能源使用效率，以推动绿色经济的发展。[1]

（二）碳减排与经济发展相辅相成的原则

在碳税法的立法和实施中，要始终考虑到我国作为发展中国家的国情，要把减排与发展统一起来，把应对气候变化与其他政策目标协调起来。具体来说，一方面我国的经济发展不能以牺牲生态环境为代价，我们需要保证碳税能起到对企业和消费者较强的刺激力度，促进改变当前以化石能源消耗为主的能源结构，增加清洁能源的使用，以达到碳减排的目的；另一方面，我们也要充分考虑到企业和消费者的承受能力，不能因为碳税税率过高而影响到企业的竞争力，并且通过采取相关的优惠政策来降低碳税征收对经济发展的负面影响。[2]

目前，国际上提出的绿色增长（green growth）概念，就是体现了发展与环境保护的统一。绿色增长理念倡导经济发展与环境保护的和谐发展，使这两个貌似对立的方面实现内在统一并相互促进，这也是我国的碳税之路所要追求的原则。

（三）坚持有中国特色并与国际接轨的原则

我国目前的发展情况与发达国家在经济发展水平，政府管理能力，和科技水平等方面还存在较大差别。所以，我国在碳税法的立法和实施过程中，既要坚持洋为中用，积极学习西方国家的经验教训，同时要始终立足于本国国情，不盲目照抄别国的做法，而是走出一条符合我国发展的有中国特色的碳税之路。

（四）"使用者承担"的法律责任规则

碳税法应该充分贯彻，"谁使用，谁承担"的环境法律责任原则。在确定碳税法的征收对象时，要依据谁是中国二氧化碳的主要排放者，来确

---

[1] 财政部财政科学研究所课题组：《中国开征碳税问题研究》，中国可持续能源项目，2009年9月。

[2] 苏明等：《我国开征碳税问题研究》，《经济研究参考》2009年第72期。

定纳税主体，避免出现普通老百姓为企业的碳排放"埋单"的情况。

（五）循序渐进的原则

由于碳税可能带来的社会负担和对企业竞争力的不良影响，我国在碳税设计上要遵循逐步深入的原则，让社会有一个缓冲的准备适应期。具体来说，在碳税税率的设计上应该遵循由低到高的逐步推进的原则，从较低的税率征起，逐步根据市场情况提高税率。在碳税的实施上，也可以由点入面逐步深入，先在一些地区进行试点，然后在积累了一定的经验后再在全国范围内实施。

（六）兼顾效益与公平的原则

在碳税实施中，除了对受到碳税冲击的企业推行碳税优惠和补偿政策，来减轻碳税对企业国际竞争力的负面影响，国家还应关注碳税开征可能带来的居民的生活成本加大的问题（如物价上涨），特别是关注低收入人群的福利保障问题。研究显示，由于低收入人群用于燃料的费用占其收入的比重远高于高收入人群，这使得他们受到征税的负面影响更明显。[1]这就需要国家采取相应的福利保障政策来消除碳税对民众特别是低收入者的生活影响，避免出现民众而非碳排放企业为碳排放"埋单"的情况，以赢得社会对碳税开征的广泛支持。

（七）次优税收原则

碳税法的设计应该遵循次优税收原则。次优税收是相对于最优税收而言的，最优税收是指依据税收中性原则和税收公平原则征税，不对社会产生税收超额负担和不造成任何经济扭曲。由于最优税收需要非常严格的条件，所以最优税收在现实生活中是不存在的。次优税收指的是在满足政府一定收入规模的前提下，使税收所引起的效率损失或超额负担尽可能小的税制安排，次优税收作为最优税收的替代，成为各国税制改革的指导原则。[2]我国在碳税立法设计时，也要遵循次优税收原则，不能只是按效率来设计碳税政策，而是要把碳税作为中国税制改革的一部分来看，充分考虑到碳税与其他税种间的协调与整合，用碳税替代那些扭曲性税收，使得碳税在实现其减排效用的同时，又体现了对公民福利的尊重，实现碳税的

---

① 夏璐：《浅议"后哥本哈根时代"中国碳税之路》，《长沙民政职业技术学院学报》2010年3月。

② 薛刚：《关于碳税设计中的次优选择研究》，《中国人口、资源与环境》2010年第12期。

多重"红利"。

（八）碳税征收的中性原则

在碳税的征收中应该遵循税收的中性原则（revenue neutral），即将所征收的碳税收入全部用于应对气候变化的环保投资，而不用于一般性的公共开支，以保证碳税收入的专用性，并增强碳税法的碳减排效率。加拿大不列颠哥伦比亚省的碳税实施的一个重要的成功经验就是有效地运用了税收中性原则，在开征碳税的同时积极推动其税制改革。不列颠哥伦比亚省政府一直遵照税收中性的原则，即不增加任何实际的税收，事实上省政府返还给纳税人的钱（以税收减免的形式）比通过碳税得到的税收收入还要多，与加拿大其他省份相比，不列颠哥伦比亚省的个人和企业所得税税率都是加拿大最低的。[①] 不列颠哥伦比亚省成功实现了开征碳税后经济未受到负面影响、社会的整体税负减轻、碳排放得到有效抑制的"多赢"局面，这非常值得中国学习借鉴。

（九）公开透明原则

我国的环境法普遍面临的一个问题就是信息不够公开，公众监督不够，监管机制差。这就要求我们在碳税法的立法设计上强调信息的公开透明，和加强公众的参与与监督。英国在这方面就给了我们一些有益的启示，2012 年 6 月英国通过法案，规定从 2013 年 4 月起所有的伦敦证券交易市场的上市企业要公布其年碳排放量（以二氧化碳计算）。这使得英国成为世界上第一个通过法律强制要求上市企业公开碳排放信息的国家，这一举措有利于政府的碳税执法和公众的监督，对企业的自主减排起到了鞭策作用，也引导投资者关注企业的低碳减排能力（green credentials）。[②] 我国也应效仿英国的做法，要求企业公布碳排放信息，以便加强公众对碳税征收的监督。

---

① "The BC government has kept its promise to make the tax shift 'revenue neutral', meaning no net increase in taxes. In fact, to date it has returned far more in tax cu-ts（by over $ 300 million）than it has received in carbon tax revenue-resulting in a net benefit for taxpayers. BC's personal and corporate income tax rates are now the lowest in Canada, due to the carbon tax shift. " http：//business. financial-post. com/2012/07/05/4 - key - reasons - why - bcs - carbon - tax - is - working/? _ _ lsa = 375b - 8ab3，最后访问日期：2013 年 2 月 18 日。

② http：//www. environmentallawforum. co. uk/index. php? /News/mandatory - greenhouse - gas - reporting - for - ftse - companies. html，最后访问日期：2013 年 2 月 18 日。

（十）　自愿与强制性减排相结合的原则

在法律责任的设定上，碳税法既要体现规范性和强制性，又要体现灵活性，使得碳税法能够更加有效地实施。正如常纪文教授指出的，在碳税征收上，瑞士的做法值得我们借鉴："在瑞士，鼓励企业进行自愿减排，达到自愿减排目标的企业免征二氧化碳税。企业可自主选择自愿减排还是缴纳二氧化碳税。那些能源消耗低而雇员众多的企业愿意选择缴纳二氧化碳税，而那些能源密集而员工较少的企业宁愿实施自愿减排措施。自愿减排达到预期目标要求则可以免除二氧化碳税，如果未实现减排目标，则对超出减排目标的每吨二氧化碳罚款 100 瑞士法郎，并要求其在下一个减排期内实现减排目标。"[1] 我国也可以根据实际情况，在碳税法中引入自愿减排机制的选项供企业选择，以增加碳税法的灵活性。

（十一）　地区差异原则

由于中国的地区经济发展水平不平衡，存在着东部沿海地区经济和科技发展水平较高，而中西部地区经济发展和科技发展都比较落后的地区差异。同时又存在着传统的化石能源如煤炭以及能源生产密集型企业多集中在中西部的情况，这就造成严重的碳排放企业多集中在中西部，而东部企业的能源利用效率较高的情形。所以要实现较好的碳减排效果，就不能搞一刀切，具体在征收碳税上，要充分考虑到地区的差异性，在碳税税率方面可以允许适当的地区差异，而且在碳税的征收时机上也可以采取东部地区先试行然后向中西部地区推广的逐步推进式，这使得中西部地区企业比东部地区企业有更长的缓冲期来适应碳税要求，研发新技术，提高能源利用效率。当然在这一过程中，也要注意不要使地区间的碳税政策差异过大，或是采取"不同地区不同税率"的政策时间过长，以免产生地区间的"碳泄漏"，即东部一些企业为了逃避碳税而迁移到中西部地区。

三　碳税法的要素设计

（一）　碳税的纳税环节

如何合理地选择碳税的征收环节是中国的碳税立法首先要面临的难题。由于在生产、经营和消费阶段都可以产生因使用含碳能源而排放的二

---

① 常纪文、龚屿、赵嘉辰：《中外法律专家民间环保组织热议气候变化立法》，《中国法学网》，http：//www.iolaw.org.cn/showArticle.asp? id = 3178，最后访问日期：2013 年 2 月 19 日。

氧化碳气体，所以从理论上来讲这三个环节都可以作为碳税的纳税环节。但是在碳纳税环节的选择上需要充分考虑碳减排的成效和征收的便利性等因素。形象地来说，课税的征收环节可以分为上游征税，即纳税人是含碳能源的开采和加工企业，虽然这些企业数量相对少，但分布较分散，所以征税起来相对不方便；下游征税由于直接面向含碳能源的消费者，所以碳税的价格杠杆作用最明显，但是由于终端消费者众多，分布太广，所以很难进行碳税征收；一种折中的办法是，在批发和零售环节征税，即中游征税。[①]

根据中国的国情，一些学者认为中国的碳税征收环节，应采取折中的方法，按照中性税负的原则，[②] 从销售环节征收碳税，即"中游"征税。另外一些法学专家则认为我国应当根据不同的含碳能源产品的特点，[③] 选择不同的纳税环节：针对一次性能源产品，如原油、煤炭和天然气，可以考虑在上游的生产环节征税；而对于二次能源产品如成品油、煤油和液化气等，则可以在中游销售环节征税；下游的消费环节，则不予以考虑。不少欧洲国家如瑞典对下游征税，还有一些国家如北欧国家和日本则是上游、下游都征税。[④] 还有一部分学者如 Metcalf 则推崇上游征税，[⑤] 理由是上游的能源生产商数量大大少于下游的能源消费者，所以征税的行政成本较低。笔者认中国碳排放的主要源头是煤炭、石油、天然气等化石能源的开采、加工和利用，所以可以采取上游征税，从源头控制二氧化碳的排放，而且上游的企业较少，进行征税比较容易。

（二）碳税的征收对象

除了征税的环节，具体的征收对象的选择也要充分体现国情。碳排放主要是由于含碳的化石能源的消耗所产生的，所以征收对象的范围主要包括煤炭、石油和天然气。一些学者认为，由于煤、石油和天然气提供单位

---

① 李传轩：《应对气候变化的碳税立法框架研究》，《法学杂志》2010 年第 6 期。

② 持这种观点的学者包括常纪文教授，http：//news. china. com. cn/law/2012 - 03/19/content_ 24930054. htm，最后访问日期：2013 年 2 月 18 日。

③ 持此种观点的法学专家包括李传轩，参见李传轩《应对气候变化的碳税立法框架研究》，《法学杂志》2010 年第 6 期。

④ 王淳：《国外碳税政策体系及基本经验》，《宏观经济管理》2010 年第 11 期。

⑤ Gilbert E. Metcalf， "Cost Containment in Climate Change Policy：Alternative Approaches to Mitigation Price Volatility"，*University of Virginia Tax Law Review*，2009，July.

能量生成的碳排放不相同，所以针对不同的化石能源应该实行不同的碳税税率，其中煤的碳税税率应该最高，接下来是石油，最低的是天然气，来适应其相应的碳密度。[①] 笔者认为虽然煤炭提供单位能量所产生的碳排放最高，但是考虑到我国现有的以煤炭为主的能源结构，所以不应一下子对煤炭使用征收过高的碳税税率，以免造成大幅的能源价格上涨，对经济产生消极影响。所以本文建议现阶段对所有的化石能源征收统一的碳税，纳税对象包括煤炭、石油和天然气。

（三）碳税的征税方式

从理论上来讲，碳税的征收方式可以分为从价计征和从量计征。由于碳税征收的主要目的是要减少碳排放，所以目前国际上都是采取从量计征，即根据二氧化碳的排放量的多少来征税。[②] 但是由于实践中对碳排放量的监测和计算十分不便，操作成本较高，所以国际上大部分国家都是按照碳含量征税，即用化石燃料的含碳量和消耗的燃料总量来计算二氧化碳的排放量，只有少数国家如波兰和捷克直接对碳排放量征税。[③] 我国也应采用国际上的通行做法，采取从量计征，根据碳含量的多少收税。

（四）碳税的税率设置

由于碳税税率的高低决定了税负的轻重，并且直接影响到碳税对温室气体减排的效果，如何合理地设置碳税税率，使之既考虑到本国纳税主体的税负承受能力又能发挥有效的促减排作用，无疑成为碳税立法中一个非常敏感和关键的问题。一个被理论界和业界推崇的方法是，在碳税征收的初始阶段，先采用较低的税率，以便给纳税主体一个缓冲的时期，然后在碳税制度发展到较为成熟的阶段，再根据本国国情对税率进行相应的调整，瑞典和德国等国便是采取这样循序渐进的碳税制度来实现碳税法的顺利实施。[④] 考虑到中国本来就存在着税负过重的问题以及我国作为发展中国家的国情，我国的碳税税率应该考虑采取国际上普遍采用的税率值中的下限值。笔者认为财政部的《中国开征碳税问题研究》报告中建议的每吨二氧化碳征收 10 元（10 元/吨）的税率是合理的。当然税率应该是动

---

① 王岩、张建超：《国外碳税研究文献综述》，《广东社会科学》2011 年第 1 期。

② 财政部财政科学研究所课题组：《基于国际协调视角的我国碳税制度构建》，《税务研究》2011 年第 308 期。

③ 苏明等：《碳税的国际经验与借鉴》，《经济研究参考》2009 年第 72 期。

④ 李传轩：《应对气候变化的碳税立法框架研究》，《法学杂志》2010 年第 6 期。

态的，在碳税实施一段时间后，根据市场情况和碳减排的效果，可以进行相应的税率调整。

四　碳税法的实施

（一）碳税法的国际视角

我国碳税法的设计和实施应该在碳税国际协调的框架下进行，考虑如何应对发达国家通过碳关税对发展中国家可能实行的经济遏制如绿色贸易壁垒，[①] 从而事先完善我国的碳税设计，而非被动的事后适应，使我国的碳税既体现中国国情又与国际接轨。

另一方面，考虑到应对气候变化需要联合全球的力量进行，任何一个国家都不能独善其身，所以在有必要时开展国际合作联合应用碳税，采用国际协调下的碳税税率，以避免碳泄漏等问题的出现，并提高碳税在降低全球碳排放方面的有效性。国际上的一些专家已经开始积极探讨，全球实施统一碳税的可能性，作为国际协同减排行动的一个重要组成部分，也有利于实现《京都议定书》的减排目标。然而由于没有一个全球性政府的存在，所以要协调各个国家的不同利益，实现全世界的统一碳税，在实践上操作难度非常大。

（二）碳税与碳排放权交易机制的协调与转化

作为国际上采用最多的两大有效的市场调节手段来促进碳减排，碳税与碳排放权交易存在着内在的统一性和互补性。在合适的时机，国家可以同时采取两种机制，来发挥其各自的优势，或是像澳大利亚等国家一样，在初期实行碳税制，然后逐步过渡到实施碳排放权交易。

（三）加强信息公开和社会监督制度

中国的现行环保法规普遍存在着执行不力的问题，其中一个重要原因就是信息不公开、社会监督不够、公众参与不够。这次的雾霾天气污染事件中一个可喜的进步就是，政府公开大气污染指数，全民关注大气污染问题，政府动员公众自觉地参与到应急减排的过程中，这样的做法在碳税法的立法设计和实施上都应坚持和加强。具体来说，中国可以向英国学习，在碳税法的立法中明确要求所有上市企业公布其年二氧化碳排放量，以便于信息公开和社会监督；另一方面碳税的征收、监管部门也要向社会公开

---

① 2012 年年初的欧盟航空碳关税事件就是一个很好的例证。

碳税征收的相关信息和碳税收入的用途，把碳税的实施情况和成效置于公众的监督之下，让公众知道碳税"从哪儿来，用到哪儿去"，才有可能真正推进减排，赢得社会的大力支持。

（四）加强部门间的横向配合和中央与地方的纵向协调

碳税要想顺利有效地实施，一方面需要加强政府多个部门间的横向配合，应避免出现碳税实施就是税收部门和环保部门的专门责任的情形。因为碳减排是一个综合性的系统工程，碳税征收单靠几个部门的努力是无法取得减排成效的，需要各个部门的配合协助。另一方面，还需要加强中央与地方间的纵向协调配合，实施碳税后，如果碳税款被直接收归中央财政部门，地方政府财政积极性和减排积极性必然会受到一定的打击，所以要加强中央财政和地方财政的纵向协调，合理安排国税和地税的分配。正如亚洲开发银行张庆丰所建议的，① 财政改革应该与碳税这样的经济激励措施一并推出，这将使碳税的税收收入和节省款项循环到省级以下政府，鼓励他们进一步加大低碳减排和绿色经济方面的投资。

（五）提高公众减排意识，建设环境友好型社会文化

碳税法能否顺利有效实施，不但需要政府职能部门的尽心执法，还需要培育出环境友好型社会文化，② 加强教育和宣传，提高公众的碳减排意识、知识和能力，提倡整个社会形成适度消费和绿色消费的环保消费观。国外的研究已经表明这种软文化的作用是巨大的，只有真正建立起一个促进低碳增长的社会体系框架，中国的碳减排才能取得长足的进步，而要建立这样一个全面系统的促进低碳增长的体系，除了政府采取有效的行政管制和市场刺激手段外，还需要提高全社会包括企业和消费者的碳减排知识和能力（即国际上倡导的能力建设）。

第四节　结语

当带着些许耻辱意味的"北京咳"正在不幸成为我们伟大首都的一

---

① http://news.hexun.com/2013 - 01 - 15/150166844.html，最后访问日期：2013 年 2 月 18 日。

② 常纪文：《我国环境友好型社会文化的法制建设问题》，《中国地质大学学报》2006 年第 6 卷第 3 期。

个新标签的时候，当在名著里读到的伦敦"雾都"的情景正在 200 年后的中国诸多城市重现的时候，当世界环保组织评出的世界 10 大污染城市中我国独占 7 席的新闻见诸报端的时候，我们除了感叹、哀伤，更重要的是要直面事实，深刻反思我们曾经的"重发展、轻环保"的发展路线的目光短浅和代价沉重，用我们的决心和坚定的减排行动还祖国一个久违的蓝天。英国著名的《经济学人》（*The Economist*）杂志曾经这样深刻地分析过，西方发达国家用上百年的历史告诉我们，"先发展再清洁"的路是走不通的，正在兴起的发展中国家应该走绿色增长的道路，让发展与环境这两大主题相辅相成，相得益彰。在这样的时候，积极推进碳税法的颁布实施，促进中国提高能源利用效率，改变当前以煤炭为主的不合理的能源消费结构，无疑是适时的。正如亚洲开发银行刚刚发布的《迈向环境可持续的未来——中华人民共和国国家环境分析》报告所建议的，尽管近年来中国各级政府加大了环境监管和污染控制力度，但通过结构调整改善空气质量的作用是有限的，中国应该更重视建设包括市场化政策措施在内的节能减排激励体系，特别是敦促中国政府改革资源定价机制，并引入绿色税收制度，对二氧化碳排放征税。①

可是就像前文所讨论的，碳税法的实施会面临诸多挑战，如果没有经过合理的立法设计、充分的政策准备、有力的社会动员及碳税知识的宣传和普及，没有采取有效的辅助优惠政策来缓解企业国际竞争力下降的问题，关注民众特别是低收入人群的福利保障，碳税法的实施将会遇到企业和社会的抵制。这就需要我们坚持兼顾减排和发展的绿色增长理念，坚持效率与公平相结合的原则，坚持碳税税收的次优税收原则和税收中性原则，在信息公开、公众参与监督的基础上，充分考虑到我们仍然是发展中国家的国情，以循序渐进的方式逐步推进碳税的开征。在这个过程中，中国还应与国际上其他国家开展合作，推进全球的碳税协调，从而走出一条"十面霾伏"下的有中国特色碳税之路。

---

① http://news.hexun.com/2013 - 01 - 15/150166844.html，最后访问日期：2013 年 2 月 18 日。

第四章

碳交易立法正当时

——构建有中国特色的碳排放权交易法思考①

第一节　引言

　　2012 年年底的多哈联合国气候变化大会终于赶在《京都议定书》第一承诺期结束前形成决议，宣布从 2013 年开始实施第二承诺期，从而避免出现国际社会非常担忧的在 2012 年之后的"后京都时代"，世界缺乏具有法律约束力的国际公约来引导全球低碳减排行动的局面，这也使得一度陷入低潮的碳排放权交易得到很大的鼓舞。虽然由于受经济危机的影响，国际碳交易市场的碳价低迷，但是正如英国及欧盟联合国气候变化框架公约咨询机构代表凯文·威廉姆斯所指出的，"从整体趋势上来说，越来越多国家认同节能减排，也愿意从事碳排放交易促进减排"。② 中国的碳排放权交易还处在起步和试点阶段，虽然已经在多个省市开展碳排放交易试点，但是相关碳排放权交易法的缺失，严重影响了中国碳排放权交易市场的构建和健康发展。在当前中国环境保护和碳减排压力巨大的背景下，中国亟须加强对碳排放权交易机制的法律研究，建立符合中国国情的碳排放权交易法，为中国启动全国性的碳减排交易市场以及日后实现与全球碳排放市场的对接提供法律制度保障。

　　在当前温室气体减排已经成为世界潮流的背景下，作为温室气体的排放大国，我国的碳减排压力巨大。虽然我国目前还没有被要求强制减排，

---

　　① 基于本章撰写的《构建中国碳排放权交易法初探》论文已发表在《中国软科学》2013 年第 10 期。

　　② http：//epaper. nfdaily. cn/html/2012 - 12/20/content _ 7153178. htm，最后访问日期：2013 年 5 月 6 日。

但是我国很可能未来被要求承担与当前发达国家相似的强制碳减排义务。事实上，在最近几次的联合国气候变化大会上，就有不少发达国家对中国施加压力，无视中国还是发展中国家的事实而试图使中国承担发达国家才应承担的强制减排义务。最近的多哈联合国气候变化大会已经达成共识，到 2015 年前要形成一个新的国际气候变化协议以作为《京都议定书》的替代条约。基于这样的现实压力，为避免中国的国家利益在被要求强制减排后受到损害，中国应该提前在法律和制度上做准备，使中国能尽早适应强制减排的要求，积极构建既与国际接轨又体现中国国情的碳排放交易体系，积极利用市场手段来推进中国的温室气体减排。由于中国开展碳排放交易时间较短，国内的碳排放权交易还处于市场培育阶段，还没有积累足够的制度和政策经验，本章将积极借鉴欧盟和美国的碳排放权交易机制的法律经验，希望在中外比较中，对构建有中国特色中国的碳交易法提出有益的建议。

第二节　碳交易制度的国际法基础

碳排放权交易的概念最早可以追溯到 20 世纪 70 年代经济学家科斯的排污权交易概念，根据这个理论，温室气体的排放空间属于公共物品范围，是稀缺的环境资源，具有外部性特征，通过建立碳排放市场，市场机制就可以有效地分配碳排放空间，使其外部性实现内部化。[①] 碳排放权交易是交易双方通过购买合同或者碳减排购买协议，进行温室气体排放权交易，从而实现低成本减排的目标。

碳排放交易制度的主要国际法依据是 1992 年由 155 个国家签署的《联合国气候变化框架公约》和 1997 年联合国气候变化大会通过的《京都议定书》。这两个气候变化条约的签署对于推动全球开展统一协作的应对气候变化行动具有里程碑式的意义，也构成了各国气候变化立法的国际法基础。

《联合国气候变化框架公约》于 1992 年 6 月在巴西里约热内卢召开

---

① 傅强、李涛：《我国建立碳排放权交易市场的国际借鉴及路径选择》，《中国科技论坛》2010 年第 9 期。

的联合国环境与发展大会上签署，此公约明确提出了将大气中温室气体浓度稳定在防止气候系统受到危险的水平上的目标。[①] 公约还阐明了"共同但有区别责任原则"，即发达国家（附件一缔约国）需要比发展中国家（附件二缔约国）承担更多的温室减排义务。它所提出的要通过国际合作来完成温室气体减排义务，即其中的"共同执行"条款，为以后的《京都议定书》的三种市场机制的提出奠定了基础。[②]

1997 年在日本京都通过的《京都议定书》进一步构建了碳排放权交易制度的国际法基础，促成了碳交易市场的诞生。它是全世界第一个拥有国际法约束力的、定量减少二氧化碳排放量的国际协议。具体来说，《京都议定书》的贡献至少是三个方面的。第一，它强调了市场机制在实现全球低成本碳减排中所起的关键作用，鼓励各国积极通过市场机制来降低碳排放；第二，它为全球通过有效合作来应对气候变化制定了三个灵活机制，具有开创性地把碳排放权转变为能够在市场进行交易的有价值的商品，这三个市场机制分别是"排放权交易机制""联合履约机制""清洁发展机制"；第三，本着"共同但有区别责任原则"，《京都议定书》在历史上第一次对发达国家规定了具有法律约束力的温室气体减排目标。[③] 因为《京都议定书》的强制性减排的法律约束，各国的碳排放额就因此变成了稀缺的资源，也就被赋予了商品的价值属性并且可以在市场进行交易。[④]

根据《京都议定书》第 17 款的定义，排放权交易机制允许签约国把未用完的多余的碳排放额度卖给其他用完碳排放额的国家，这样碳就像其他商品一样可以被买卖，而碳排放权进行交易的平台就被称为"碳市场"。[⑤] 世界上目前有四大全球碳排放权交易所，即欧盟排放权交易所、

---

① 刘婧：《国际碳排放权交易市场对我国的影响及启示》，《环境经济》2010 年 6 月总第 78 期。

② 李挚萍、程凌香：《碳交易立法的基本领域探讨》，《江苏大学学报》2012 年第 3 期。

③ 同上。

④ 郑勇：《对我国面临碳金融及其定价权缺失的思考》，《科技进步与对策》2010 年第 22 期。

⑤ Emissions trading, as set out in Article 17 of the Kyoto Protocol, allows countries that have e-mission units to spare-emissions permitted them but not "used" to sell this excess capacity to countries that are over their targets. Carbon is now tracked and traded like any other commodity. This is known as the "carbon market". 见 UNFCCC 网站：http://unfccc.int/kyoto_protocol/mechanisms/emissions_trading/items/2731.php，最后访问日期：2013 年 5 月 6 日。

美国芝加哥气候交易所、英国排放权交易所和澳大利亚国家信托。除了全球性的碳排放权交易所，各国和地区还可以根据需要建立国家级的和区域级的排放权交易所（domestic and regional emissions trading schemes），在这些国家级的和区域级的碳排放权交易机制下，政府设定各参加方所要达到的减排指标（emissions obligations）。[①]

第三节 中国碳排放权交易市场现状

虽然中国是全球最大的 CDM 项目供应国，但是中国在国际碳市场的参与程度和地位仍然较低。中国的碳排放权交易市场存在着"无法可依"的尴尬局面，正如国务院发展研究中心研究员周宏春指出的，"中国碳排放权交易合法性急需解决"。[②] 虽然我国近年来也颁布了一系列应对气候变化的温室气体减排方案，但是缺少国家层面的气候变化法来规范和约束碳排放权交易，造成温室气体减排领域的法律责任不明确、碳减排的法律监管机制缺失、碳商品的交易规则和程度缺乏法律定义和保障等一系列法律问题。

一 排放权市场不健全

碳排放权交易市场的最高形式是双强制减排，也就是"强制加入、强制减排"，欧盟排放权交易体系（EU ETS），采取的就是这种形式。我国目前主要采取的零强制的自愿减排形式，即"自愿加入、自愿减排"。介于两者之间的是单强制碳减排，也就是"自愿加入、强制减排"，代表是美国芝加哥气候交易所。无论是零强制还是单强制减排体系都属于自愿碳减排机制，碳交易体系的参加者都不受《京都议定书》的强制减排约束，也就是说，自愿减排市场体系是平行于《京都议定书》之外的碳交

---

① Emissions trading schemes may be established as climate policy instruments at the national level and the regional level. Under such schemes, governments set emissions obligations to be reached by the participating entities. 见 UNFCCC 网站：http：//unfccc. int/kyoto_ protocol/mechanisms/emissions_ trading/items/2731. php，最后访问日期：2013 年 5 月 6 日。

② 《中国经济时报》，http：//www. weather. com. cn/climate/qhbhyw/06/1377633. shtml，最后访问日期：2013 年 5 月 6 日。

易市场，但其最终目标也是要过渡到双强制的碳交易市场体系。

目前，我国还未形成健全的碳排放权交易市场，我国的碳市场交易还仅仅集中在清洁发展机制（CDM）项目上，[①] 缺乏其他碳金融衍生产品，也未能与国际碳排放交易二级市场对接，缺乏有效的措施来刺激企业参与碳排放权交易。虽然中国从 2008 年开始相继建立了上海环境能源交易所、北京环境交易所和天津排放权交易所，积极推进自愿碳交易市场的试点，并且在这三大龙头交易机构的示范带动下在广州、大连、武汉、杭州、昆明等地纷纷建立环境权益交易所，但是这些交易所往往存在着"有场无市"的尴尬局面。正如一些学者所概括的，中国还未形成真正意义上的碳交易平台，国内的碳排放权交易都是一级市场交易，国内企业只有通过国外中介才能参与到 CDM 项目交易。[②] 由于我国企业不能直接将碳排放额出售到国际市场，而是需要通过国际碳基金等机构的中介作用进入国际碳市场，碳定价权由国际性的碳交易所掌控，造成我国企业的碳交易成本大、碳交易地位不对等、信息不对称、碳交易风险高。[③] 要改变当前我国在碳交易中的不利地位，保护我国企业的正当利益，改变我国国内碳交易市场"有场无市"的局面，我国亟须通过立法明确碳排放权的权利属性，推进国内碳排放权交易市场的法律制度建设，建立国内碳排放权价格机制，制定相关政策法规来规制碳交易市场、防范潜在风险，以实现利用碳排放权交易这一市场手段实现温室气体低成本减排的绩效。

二　碳交易体系的法律现状

自从中国把低碳减排作为基本国策纳入国家可持续发展计划中，我国陆续出台了一些应对气候变化、推进节能减排的宏观法律政策。中国政府近年来颁布的温室气体减排方案包括：2007 年的《中国应对气候变化国家方案》、2011 年发布的《中国应对气候变化的政策与行动》白皮书以及 2011 年颁布的《清洁发展机制项目运行管理办法》等。2007 年的《中国应对气候变化国家方案》是我国第一部纲领性的应对气候变化的政策性

---

① 我国目前的碳交易市场属于以项目为基础的自愿减排碳市场。

② 赵黎明、张涵：《我国碳排放权交易市场风险管理问题探析》，《流通经济》2010 年第 41 期。

③ 董岩：《美国碳交易价格规制的立法进展及其借鉴》，中央高校基本科研业务费专项基金资助项目的阶段性成果。

方案，从法律政策上明确阐述了低碳减排目标的重要性；2011 年 11 月份出台的《中国应对气候变化的政策与行动》白皮书明确指出我国在"十二五"期间将积极推进碳排放权交易市场的建设，建立自愿减排机制，建设跨省市的碳交易体系；2011 年 12 月份颁布的《"十二五"控制温室气体排放工作方案》更加明确强调并全面部署了推进自愿减排碳交易市场建设和建立碳交易试点等措施来应对温室气体排放；2011 年的《清洁发展机制项目运行管理办法》虽然对清洁发展机制项目的运行作了规范，但是这仅仅是政府的行政规章，其法律地位较低，而且对于诸如 CDM 项目的法律责任、项目风险控制等许多问题都没有进行法律规定。①

　　这些宏观政策规定为中国碳排放权交易立法做了有益的法律制度准备，也提高了整个社会对碳排放交易市场的认知度，为建设全国性的碳交易市场做了重要的思想认识准备。然而应该看到的是，这些政策规定还只是一个开始，仍然只是停留在政策层面的规范性文件，缺乏法律权威性和约束性，而且这些政策规定都过于笼统抽象，又不全面，可操作性差，并没有具体的法律细则规定碳排放权交易体系如何运行，也没有明晰相关的法律主客体和法律责任。这些都说明中国还未形成全国性的系统的碳排放权交易法，中国缺乏碳交易市场运行所必需的立法基础，中国亟须推进碳排放权立法来改变当前碳排放权交易体系"无法可依"的被动局面。正如一些学者所指出的碳排放权交易的特殊性使得碳交易市场是一个完全依靠法律政策促成的外部性市场，所以有效的碳交易立法和实施是保证其健康运行和持续发展的必要条件。②

第四节　欧美碳交易法实践和借鉴

　　国际碳排放市场分为以项目为基础的碳交易市场和以配额为基础的碳市场。在以按照是否强制减排的标准，全球碳交易市场可以分为强制碳排放权交易市场和自愿排放权交易市场，前者的代表是欧盟排放权交易体系和英国排放权交易所，后者的典型代表为美国芝加哥气候交易所与澳大利

---

① 李挚萍、程凌香：《碳交易立法的基本领域探讨》，《江苏大学学报》2012 年第 3 期。

② 同上。

亚国家信托。欧盟和美国的碳排放权交易体系无疑是世界上最成功的案例，虽然它们采用不同的运作模式，但是都取得了非常好的实践效果，在许多法律政策方面是"同中有异""异中有同"，值得中国在比较中汲取各自的长处以"洋为中用"。欧盟和美国碳交易体系的实践经验都证明坚实的法律基础和良好的法制环境是确保碳排放权交易市场成功的必要条件，我国应积极学习国外碳交易立法和实施的经验教训，创建既与国际接轨又体现中国国情的有中国特色的碳交易法律体系。

一 欧盟

欧盟的碳排放交易市场（EU ETS）建设远远走在世界的前列，[①] 已经发展为全球最大的碳交易市场，事实上欧盟排放权交易机制能够使欧盟每年都节省相当于31亿—39亿欧元的碳排放，从而顺利达到《京都议定书》所规定的碳减排目标。[②] 有意思的是，欧盟建设碳排放交易市场最早是从美国汲取的经验，然而现在欧盟碳交易市场建设已经超过美国，成为全世界包括美国在内的诸多国家的学习榜样。欧盟在多年实践的基础上更是发展出了一系列相对成熟和完善的碳排放权交易法，非常值得中国借鉴学习。欧盟 ETS 在实践和理论界都得到了非常多的关注，一些研究从法律和经济的角度探讨欧盟碳交易机制的特点，[③] 还有不少研究关注欧盟碳交易市场的

---

① 除了欧盟层面的碳交易立法，许多欧盟成员国国内也都有一套完善的碳交易排放权法律体系，它们的立法经验也非常值得中国学习借鉴。以英国为例，作为欧盟碳排放权交易体系的成员国之一，英国不但积极参与欧盟碳交易市场，它国内的碳交易市场也很成熟，它在碳交易立法的许多方面都走在了世界的前列。特别是英国 2000 年通过的《英国气候变化方案》（*UK Climate Change Act*）构成了英国温室气体减排的主要法律制度基础，明确要建立全球第一个跨部门的碳排放权交易机制，阐述了英国如何为实现《京都议定书》的减排目标而通过市场手段逐步减少温室气体排放。由于本文的侧重点是欧盟排放权交易体系的法律，所以成员国国内层面的碳交易法就不在此做讨论。

② 邹亚生、孙佳：《论我国的碳排放权交易市场机制选择》，《国际贸易问题》2011 年第 7 期。

③ Kruger J., Oates W E & Pizer W. A., "Decentralization in the EU Emissions Trading Scheme and Lessons from Global Policy", *Review of Environmental Economics and Policy*, 2007, (1), pp. 112 – 133. Ellerman A D, Convery F J & Perthuis C, *Pricing Carbon: The European Union Emissions Trading Scheme*, Cambridge University Press, 2010. Ellerman A. D. "The Shifting Locus of Global Climate Policy Leadership", *Transworld Working Papers*, 2013, 25 March (16). OECD, Emission Permits and Competition, OECD Report, 2010, 6 June.

减排有效性。① 本节将在综合最新研究成果的基础上，积极探讨欧盟 ETS 法律框架的经验和教训，以期为中国的碳交易市场法的构建进言献策。

为了帮助欧盟成员国实现《京都议定书》的减排要求，欧盟建立了全球第一个具有公法约束力的碳排放权交易机制（EU Emissions Trading Scheme，ETS），欧盟碳交易体系于 2005 年试行并在 2008 年正式运行。欧盟碳交易体系属于总量控制（cap-and-trade），总量控制交易模式是指政府管理者设定一个国家或地区温室气体的排放总量，区域内的企业在规定时间内的碳排放总量不得超过这个设定值的碳排放权管理模式，在以这个提前设定的碳排放总量为上限的前提下，各排放源企业通过交易的方式相互调剂温室气体排放量，实现整个区域的低成本减排。② 欧盟碳交易体系属于强制性碳减排体系，它按照公平原则和透明程序将碳排放额分配给成员国，再由成员国分给相关企业；欧盟碳排放权交易体系采用多种碳交易方式，包括现货交易、期货交易和期权交易。

欧盟委员会颁布的旨在规范碳排放交易的指令性法律文件（Directive），构成了欧盟碳交易体系的基础性法律文件，这些法律文件规定了欧盟成员国在碳交易体系中所要遵照的共同标准和遵循的程序，各成员国所制定的碳排放量和碳排放权分配方案都需要经过欧盟委员会批准才能生效。比如，2003 年颁布的 Directive2003/87/EC 宣告了欧盟 ETS 的建立，并且规定了欧盟碳交易市场所涵盖的强制减排行业，2008 年的 Directive2008/101/EC 将航空业也纳入欧盟 ETS 的强制减排范围，2009 年颁布的法律指令文件 Directive2009/29/EC 进一步完善了整个欧盟碳排放权交易机制。③

（一）欧盟碳排放权交易体系的经验

1. 碳交易体系分段式实施方案

考虑到实施过程中可能遇到的各种复杂情况，降低碳交易体系推行的阻

---

① Rogge K. S., Schneider M. & Hoffmann V. H., "The Innovation Impact of the EU Emission Trading System: Findings of Company Case Studies in the German Power Sector", *Ecological Economics*, 2011, (70), pp. 513 –523. Clo S., Battles S. & Zoppoli P., "Policy Options to Improve the Effectiveness of the EU Emissions Trading System: A Multi-criteria Analysis", *Energy Policy*, 2013, (57), pp. 477 –490.

② 冷罗生：《构建中国碳排放权交易机制的法律政策思考》，《中国地质大学学报》2010 年第 2 期。

③ Borghesi S, Montini M., "The European Emission Trading System: Flashing Lights, Dark Shadows and Future Prospects for Global ETS Cooperation", *Transworld Working Paper*, May 2013, (26).

力，欧盟碳排放权交易市场的实施采取分阶段式的逐步推进①。第一阶段
（Phase 1）是从 2005 年 1 月 1 日到 2007 年 12 月 31 日的试验阶段，此阶段的
主要任务是搭建碳排放权交易市场的框架以及积累碳交易体系运行的经验，
为以后碳交易体系的正式运行奠定实践基础，在这个试验阶段，碳交易对象
气体只包括二氧化碳，而且只有高能源消耗产业被纳入碳交易体系中。第二
阶段（Phase 2）也即是《京都议定书》的首期减排承诺期（2008 年 1 月 1 日
到 2012 年 12 月 31 日），在这一阶段其他五种温室气体也被逐步包括为碳交易
对象气体，更多的行业和企业被纳入碳交易体系中。这一阶段碳交易体系的
成功运行，保证了欧盟顺利实现《京都议定书》的强制减排目标。第三阶段
（Phase 3）是从 2013 年到 2020 年，在这一阶段欧盟碳交易体系将更加成熟，
更多的企业将加入到碳交易市场。根据 2009 年的 EU ETS 指令性法律文件 Di-
rective 2009/29/EC②的要求，欧盟将在这一阶段逐步从前两阶段的免费分配
碳排放权过渡到拍卖碳排放权，并且在这一阶段结束时，欧盟需要实现到
2020 年其碳排放要比 1990 年降低 20% 的目标。

2. 集中管理与分权化治理相结合模式

正如 Skjærseth and Wettestad 所概括的，欧盟能在短短几年时间就建
立了全球第一个跨国家的碳排放权交易市场，其中一个重要的成功经验就
是 EU ETS 采取的集中与分权治理相结合的管理模式。③ 这种管理模式在
确保了碳交易体系的统一性和高效率的基础上，又增加了灵活性和可操作
性，大大提高了碳交易体系在欧盟各国的认可度。欧盟碳交易体系涵盖
27 个欧盟主权国家，具有"跨国家"的、多管理层次的特点。欧盟成员
国由于历史和现实的原因，在经济发展水平、低碳科技水平、产业结构、
金融市场发展程度以及政策制度等方面都存在着较大差别，这就要求欧盟
的碳交易体系在管理上不能搞"一刀切"，而是需要欧盟在集中推行碳减

① See Perdan S., Azapagic A., "Carbon Trading: Current Schemes and Future Developments", *En-ergy Policy*, 2011, (39), pp. 6040 - 6054.

② EC. 2009. Directive 2009/29/EC of the European Parliament and of the Council of 23 April 2009 amen-ding Directive 2003/87/EC so as to improve and extend the greenhouse gas emission allowance trading scheme of the Community. http: //eur - lex. europa. eu/LexUriServ/LexUriServ. do? uri = CELEX: 32009L0029: EN: NOT，最后访问日期: 2013 年 6 月 5 日。

③ Skjærseth J. B. and Wettestad J., "Making the EU Emissions Trading System: The European Commission as an Entrepreneurial Epistemic Leader", *Global Environmental Change*, 2010, (20), pp. 314 - 321.

排计划的同时，也充分考虑到不同成员国的特点和差异性，在集中管理的同时采用分权化治理，给予成员国较大的碳交易管理自主权，从而实现欧盟和成员国利益的有效平衡和兼顾。

欧盟碳交易分权管理思想具体体现在碳排放总量的设定、分配和碳排放权交易的登记和监督等方面。在欧盟委员会的碳排放总量的设定上，先由欧盟成员国评估本国的碳排放总量，然后汇总到欧盟碳交易委员会形成欧盟的总碳排放量；在碳排放权的分配上，也充分尊重成员国的自主权，碳排放额由欧盟委员会分配到各成员国，然后由成员国根据本国国情自行决定如何在企业和行业间分配这些碳排放额；而各成员国企业的碳排放权交易的登记、交易、监督等具体碳交易流程也都是由各成员国进行管理的。

欧盟碳交易体系的这一集中与分散相结合的管理经验非常值得中国借鉴。我国幅员辽阔，地区经济和科技水平存在着非常大的差异性，各省市的碳排放现状也存在很大不同，这就使得单纯的碳交易集中管理的模式不适合中国的国情，容易在地方产生阻力，阻遏全国性碳交易市场体系的建立和推进。我国也应采取欧盟这种中央集中管理与地方分权管理相辅相成的管理模式，在碳排放总量的确定、碳排放权的分配以及碳交易过程的管理和监督等方面赋予地方政府较大的自主权，调动地方政府的积极性，兼顾中央和地方利益的平衡。

3. 开放兼容性特点

欧盟碳排放权交易体系的一大先进性是其开放性和兼容性特点，它并不局限于欧盟区域内国家的间碳交易，还积极与国际上其他碳排放权交易体系实行对接，容许欧盟碳交易体系中的企业在一定限度内使用欧盟交易体系外的碳减排额度（包括清洁发展机制的碳减排额度和联合执行项目的减排单位）。这一开放性特点，使得欧盟在国际碳交易市场上享有较大的话语权，对于国际碳市场的碳价格有较大的影响力，有利于维护其成员国企业的利益，提高欧盟在国际气候变化谈判中的地位。

中国当前的碳交易体系与国际碳交易市场存在着严重脱节，在国际碳市场上往往没有话语权，在国际碳交易价值链中也处于最低端。为了改变我国在国际碳市场的被动局面，我国在建立碳排放权交易体系的时候就要充分考虑到中国碳交易市场的国际性特点，积极实现与国际上的大型碳交易市场的对接，采用国际上认可的碳市场运作法则，开发与国际主要的二级碳市场对等的碳商品，以便于我国碳市场金融产品在国际市场上的流通及获得认可，使我国在未来碳排放权交易市场的发展中占据主动地位。

值得一提的是，现在一些欧盟 ETS 的专家已经开始积极探讨欧盟 ETS 与全球其他主要碳交易市场的对接，以及在此基础上建立全球统一碳排放权交易市场（Global ETS）的可能性。[①] 虽然由于各国政治经济利益的不同，以及缺乏一个凌驾于各国政府之上的 ETS 管理机构，这种世界性的碳排放权交易机制的建立在实践中可能困难重重，然而这也反映出全球主要碳交易市场的逐步相互连接和开放是未来国际碳市场的发展趋势。这就要求我国应该顺应这样的大形势，在碳交易机制建立之初就具备与国际主要碳市场对接的开放性和兼容性，为未来的可能的全球一体化碳交易市场做制度和法律上的准备。

（二）欧盟碳交易市场的教训

回顾欧盟碳市场从 2005 到 2012 年的运行情况，虽然欧盟 ETS 取得了令人鼓舞的环境减排效应，[②] 然而在实施的过程中也有一些教训值得其他国家反思注意。首先是碳排放权价格波动过大（high price volatility）。在欧盟碳交易市场的第一阶段，碳商品价格的波动主要是排放权的过量分配造成的，一些批评者指出过量的排放权分配额使得欧盟的碳排放上限（emissions cap）失去了对欧盟碳排放总量的应有的限制作用。[③] 第二阶段碳价格的低迷主要是受到全球经济危机的负面影响，而且 2012 年之后的《京都议定书》的前景不确定性，也使得不少欧盟企业采取一种观望的态度，许多企业因此减缓了它们低碳技术投资的步伐，它们参与碳排放权交易的积极性也受到了打击。虽然欧盟已经积极采取措施来稳定碳交易市场，[④] 2013 以后的碳价格前景也不容乐观。正如克罗等所分析的，由于欧盟碳交易市场前两个阶段的过剩的碳排放权（surplus of allowances）会转移到第三个

---

① Anger N. , "Emissions Trading Beyond Europe: Linking Schemes in a post-Kyoto World", *Energy Economics*, 2008, （30）, pp. 2028 – 2049. Perdan S, Azapagic A. Carbon Trading: Current Schemes and Future Developments, *Energy Policy*, 2011, （39）, pp. 6040 – 6054.

② Daskalakis G. , "On the Efficiency of the European Carbon Market: New Evidence from Phase II", *Energy Policy*, 2013, （54）, pp. 369 – 375.

③ Sandbag, EU Emissions Trading Scheme Set to Lock in High Emissions Rather than Deliver Reductions Unless Caps are Tightened. Press Release, 25 May, 2010. http: //www. sandbag. org. uk/site_ media/ pdfs/press_ releases/Rescuing_ EU_ ETS_ press_ release. pdf, 最后访问日期：2013 年 6 月 5 日。

④ De Cian E, "Tavoni M. Do Technology Externalities Justify Restrictions on Emission Permit Trading", *Resource and Energy Economics*, 2012, （34）, pp. 624 – 646.

阶段（2013—2020 年）的碳市场继续交易。① 同时受到 2008 年经济危机的影响，产业的生产量下降造成对碳排放权的需求也相应降低，这就使得未来的碳价会低于预期值，这一现象又会潜在增加欧洲实现其 2050 年减排（the EU Decarbonisation Roadmap 2050）的成本。②

其次，ETS 另一个被批评的地方是缺乏关于机制运行信息的公开度和透明度。尽管 ETS 网上也公开了一些信息，但是关于欧盟碳交易市场的具体碳排放权交易信息的缺失影响了 ETS 的公信度，也引起了公众对于整个机制运行效率的质疑。这种信息不够公开的情况与欧盟碳交易机制法的精神相违背，事实上欧盟 Directive2003/4 明确规定 EU ETS 有义务向公众公开环境方面的信息，包括碳排放权交易的信息。③ 碳市场信息的公开透明一方面有利于公众对欧盟 ETS 进行监督；另一方面也有利于对欧盟 ETS 开展专项研究并在此基础上对未来欧盟 ETS 的完善提出有益的政策建议。

二　美国碳排放权交易体系的法律制度经验

美国在国际碳减排行动中表现消极，甚至在 2001 年单方面退出了《京都议定书》，但是美国对其国内的碳交易市场建设态度积极，在许多区域建立了"限额—交易"（Cap-and-trade）型碳排放权交易体系，并且创立了全球四大温室气体交易所之一的芝加哥气候交易所（Chicago Climate Exchange，CCX），其丰富的碳排放权交易法律制度实践经验和教训为我国的碳交易立法提供了有益的参考。

在法律方面，虽然美国还没有出台联邦碳排放权交易法，但是美国颁布了一系列法规来应对气候变化，例如 1990 年修订的《清洁空气法》（*The Clean Air Act Amendment*），2007 年的《气候管理和创新法案》（*Climate Stewardship and Innovation Act*）、《气候管理法》（*Climate Stewardship Act*）、《减缓全球变暖法案》（*Global Warming Reduction Act*）、

①　Clo S., Battles S. & Zoppoli P., "Policy Options to Improve the Effectiveness of the EU Emissions Trading System: A Multi-criteria Analysis", *Energy Policy*, 2013, (57), pp. 477 – 490.

②　Hübler M., "Löschel A. The EU Decarbonisation Roadmap 2050—What Way to Walk?", *Energy Policy*, 2013, (55), pp. 190 – 207.

③　European Union, Directive 2003/4/EC on public access to environmental information and repealing Council Directive 90/313/EEC, 28 January, http://eur - lex. europa. eu/LexUriServ/LexUriServ. do? uri = OJ: L: 2003: 041: 0026: 0032: EN: PDF. 最后访问日期：2013 年 6 月 5 日。

《气候安全法案》（*Climate Security Act*），2009 年的《清洁能源与安全法》（*Clean Energy and Security Act*）和 2010 年的《美国电力法案》（*American Power Act*），这些法律规定为美国的温室气体减排设定了阶段性的减排目标，为美国最终形成国家层面的碳排放权交易法奠定了良好的法律制度基础。比如，美国 2009 年通过的《清洁能源与安全法》以及 2010 年的匹配法案《美国电力法案》形成了美国碳交易市场价格规制的法律制度基础，用法律手段来防范和规避碳市场中的可能的碳交易风险，在充分运用碳交易价格的杠杆作用的基础上，利用法律权利的合理干预，纠正碳市场失灵，促进气候变化中公共利益的实现。这些法律对我国建立有中国特色的碳交易法律政策有重要的借鉴作用。

　　除了美联邦层面的碳交易法律政策规定，美国的许多州都颁布了州级法律来规制碳排放权交易，这些州级法律虽然只是地区性的法律体系，但是这些法案的视角都是全国甚至是全球范围的碳排放权交易，还考虑到与其他现行法律法规的衔接性。由于州层面的碳交易法律在通过时受到的政治阻力远小于联邦层面的法律，所以它们在法律规定上往往更具有前瞻性，在利用市场手段开展低碳减排的力度更大，对于美国的国家层面的碳交易法律起到了试点作用，在已通过的地区性碳交易法律中以 2006 年加利福尼亚州的《全球气候变暖解决法案》最具影响力。

　　无论是联邦层面的还是地区性的，美国碳排放权交易法的一大先进性体现在其条款的细致和可操作性强，而我国的环保法条过粗，严重影响了法律政策的执行性和可操作性，也就最终影响了法律的实效性。比如在谈到如何依靠法律来治理雾霾天气时，全国工商联环境服务商会秘书长骆建华就讲了这样一段引人深思的话，"相比较美国《清洁空气法》，中国的《大气污染防治法》过于简单粗糙，美国《清洁空气法》约 60 万字，270 个条款，而中国的《大气污染防治法》仅 8500 字，66 个条款，仅仅 15 页纸的法律怎能控制住蔓延整个东部的雾霾？"[①] 这是我国在制定碳排放权交易法中需要认真思索的问题，当然法条过于细致会影响整个法案的"提纲挈领"性和涵盖内容的广度，所以我国的碳交易立法应该把握"粗

———————————

　　① 于华鹏：《骆建华建议拟定〈清洁空气法〉违规排污入刑》，《经济观察报》2013 年 4 月 7 日，文章网上来源：http://news.ifeng.com/shendu/jjgcb/detail_2013_04/07/23937687_0.shtml，最后访问日期：2013 年 5 月 6 日。

中有细"的原则，使碳市场交易真正能"有法可依"，同时我们也需要像美国一样有一个动态的视角，不断在实践的基础上丰富完善原有的法律条文，出台配套的解释性政策规定。

美国的温室气体减排体系体现了多层次的格局特点，它还没有形成像欧盟碳交易体系一样的美联邦层面的统一的强制性碳排放权交易体系，而是多种碳交易模式并存，以适应不同的碳交易要求。美国当前最具有代表性和影响力的碳排放权交易平台包括：区域温室气体倡议（RGGI）、西部气候倡议（WCI）、气候行动储备（CAR）和芝加哥气候交易所（CCX）。按交易模式区分，这些碳交易体系中，既有自愿减排碳交易模式，又有强制性碳交易体系；从范围上讲，既有面向全国企业的，也有区域性的。美国碳交易体系的这种多层次和多样性，有利于提高整个社会对碳交易制度的认可，给予企业更多的选择和过渡时间，有利于兼顾不同地区和产业间碳减排现状的差异性，从而较平稳地实现美国向全国性的强制性碳排放权交易体制的过渡，也有利于美国碳交易法律政策在实践比较中不断完善。这对于我国从以项目为基础的自愿减排交易体系向强制性碳交易体系过渡，从区域性碳交易所向全国性统一市场的迈进，很有法律政策上的启发作用。

（一）区域温室气体倡议

2005 年由美国 7 个州（后来扩展为 9 个州）组成了美国第一个以市场为基础的强制性"限额—交易"型区域碳减排体系，即区域温室气体倡议（Regional Greenhouse Gas Initiative，RGGI），RGGI 从 2008 年开始正式运行。以三年为一个运行周期，这个碳交易体系只针对电力部门，而且参加碳交易的气体只有二氧化碳，这一体系的一大特点是碳排放额几乎全部通过拍卖方式（auction）出售，并把拍卖所得转投到清洁能源、可再生能源以及提高能源利用率的公共事业项目和绿色经济建设中，它的运作方式为世界碳排放权初始分配提供了重要的实践经验。[1] RGGI 在法律政策上，制定了详细的交易基本规则，对碳排放权交易的法律要素包括碳排放额分配、配额交易、履约核查、排放额检测记录等进行了科学完整的设计。在 2013 年 2 月，RGGI 颁布了 Updated Model Rule 来完善原有的运作

---

① RGGI, Regional Greenhouse Gas Initiative: An Initiative of the Northeast and Mid-Atlantic States of the US. http://www.rggi.org/，最后访问日期：2013 年 6 月 5 日。

机制，要求各参与州遵循本州的法律程序把 Updated Model Rule 修订的内容反映到本州的二氧化碳排放权交易法规中（CO_2 Budget Trading programs regulations），完善的内容包括降低原来设置过高的地区碳排放上限（regional emission cap）以体现整个地区真实的二氧化碳排放水平。[①]

一些学者认为，与免费分配碳排放权的方式相比，RGGI 采取的二氧化碳排放权拍卖形式更有利于刺激碳减排。[②] 短短几年内，RGGI 已经发展成为北美最重要的碳排放权交易市场，并在第一个三年运行期（2009—2012 年）给这 10 个州带来了高达 16 亿美元的净经济增长值，以及为这一地区减少了至少相当于 1200 万吨二氧化碳的排放量，[③] RGGI 取得令人鼓舞的环境和经济效益背后的一个重要原因是它有美国联邦碳法律政策的坚实保障（federal carbon regulation），这也再次凸显了法律基础对于碳排放权交易市场健康发展的关键作用。[④]

除此之外，正如 Hibbard and Tierney 所概括的，RGGI 在设计和运行上也有一些成功经验值得学习借鉴。[⑤] 首先，RGGI 努力在最短的时间内把碳排放权的拍卖所得（auction proceeds）转投到促进可持续能源发展的公共事业和清洁经济发展项目中，缩短了 RGGI 成本出现和环境、经济效益产生的时间差，这使得 RGGI 能在较短时间发挥低碳减排和促进当地绿色经济发展的效应。其次，通过把碳排放权拍卖的收益转投到清洁能源开发、提高能源利用率的项目和当地绿色经济建设中，RGGI 有益于造福当地居民，降低居民的能源使用成本，绿色产业的发展还可以为当地创造更多的就业机会，通过这种良性循环，RGGI 实现了环境效益和经济效益的双重增值。再次，RGGI 在信息公开透明方面也为其他碳交易市场做出了表率。比如，RGGI 向公众公开拍卖权收益如何转投到节能减排项目的具

---

① RGGI, Updated Model Rule. 7 February 2013, http：//www. rggi. org/docs/ProgramReview/ _ FinalProgramReviewMaterials/Recommendations_ Summary. pdf，最后访问日期：2013 年 6 月 5 日。

② Hepburn C. , "Carbon Trading：A Review of the Kyoto Mechanisms", *The Annual Review of Environment and Resources*, 2007, (32), pp. 375 – 393.

③ RGGI. , Regional Greenhouse Gas Initiative：An Initiative of the Northeast and Mid-Atlantic States of the US. http：//www. rggi. org/rggi_ benefits，最后访问日期：2013 年 6 月 5 日。

④ Perdan S. , "Azapagic A. Carbon Trading：Current Schemes and Future Developments", *Energy Policy*, 2011, (39), pp. 6040 – 6054.

⑤ Hippard P. J. , Tierney S. F. , "Carbon Control and the Economy：Economic Impacts of RGGI's First Three Years", *The Electricity Journal*, 2011, (24), pp. 30 – 40.

体信息，这样的举措提高了 RGGI 的社会公信度，增强了公众对碳排放权交易机制的信心。最后，RGGI 采用标准化的数据（standardized data）来收集、记录、整理、评估机制运行的情况以及拍卖收益的投资使用情况，这有利于 RGGI 管委会本身和外界利用这些标准化数据开展相关研究，来推动 RGGI 的不断完善和发展。

（二）西部气候倡议

西部气候倡议（Western Climate Initiative，WCI）最早由美国的 5 个州在 2007 年成立，其目的是要通过市场手段实现区域的温室气体减排目标，它与 RGGI 一样采用的是"限额—交易"型碳排放权交易模式。[①] WCI 是美国第一个跨国的地区碳排放权交易平台（包括美国和加拿大的州和省），它涵盖了多个行业而非仅仅面向电力部门，并设有专门的管理委员会来监督碳交易体系的运行，其管委会成员由各参与州（省）派驻的代表组成，WCI 实行严格的强制报告制度，在碳排放额的分配上兼顾各行业的实际需求。[②]

在 2008 年 9 月 WCI 颁布了建立限额交易型的地区碳排放权交易机制的建议案（Design Recommendations for the WCI Regional Cap-and-Trade Program），要求各参与州（省）根据建议案在其区域内实行排放权交易机制，WCI 在 2010 年对此建议案进行了修订，颁布了更为详细的区域排放权交易机制运行方案（Design for the WCI Regional Program），目标是要到 2020 年实现该区域的碳排放量与 2005 年水平相比下降 15%，它将分阶段实施，第一阶段从 2013 年开始，它被认为是美国迄今设计最全面的碳交易机制，如果能在 2015 年全面实施，WCI 将涵盖参与州（省）的 90% 的温室气体排放量。[③]

尽管 WCI 有非常积极的地区减排决心，它的运作机制本身也有很多可圈可点的地方，比如 WCI 的一大优点是它在设计上充分考虑到与其他美国和加拿大的区域性碳减排交易机制的兼容性，它甚至被一些人

---

① The Western Climate Initiative（WCI），http：//www. westernclimateinitiative. org/history，最后访问日期：2013 年 6 月 5 日。

② Warren D. P.，"Tomashefsky S. The Western Climate Initiative"，*State and Local Government Review*，2009，（41）：55 – 60.

③ The Western Climate Initiative（WCI），The WCI Cap and Trade Program，http：//www. westernclimateinitiative. org/the – wci – cap – and – trade – program，最后访问日期：2013 年 6 月 5 日。

认为是美国国家级的碳交易市场的有益尝试，然而由于缺乏相应的州碳排放权交易立法支撑以及 2008 年经济危机的负面影响，WCI 的发展现状并不理想。事实上到 2011 年底，除了加利福尼亚州，美国的其他 6 个州都退出了 WCI，只剩下加州和加拿大的 4 个省留在这个区域性的气候协议中。由于政治和经济原因，美国的这 6 个州都没有通过在州内开展限额交易型的碳排放权交易法案，这对于 WCI 的运行和发展是一个很大的挫折。这也再次引起了美国关于建立全国性的强制碳排放权交易机制的争论，正如前犹他州州长乔恩·亨茨曼（Jon Huntsman）所指出的，地区性的强制碳排放权交易机制很难持久，所以美国需要进行联邦级的碳排放权交易立法，并在此基础上建立全国性的碳交易市场，然而要实现这一目标却是必然充满挑战和困难的。①

（三）气候行动储备

气候行动储备（Climate Action Reserve，CAR）在 2009 年开始启动，是基于碳减排项目的碳抵消交易市场（domestic offsets market），其目标是要涵盖整个北美，包括工业、农业、林业和交通业部门的 400 多个企业，它也是美国第一个根据自愿减排标准建立的碳减排体系。CAR 力图打造一个高质量的登记、跟踪抵消温室气体的碳排放权交易体系，并制定了可量化和核查的碳减排标准，它监督独立的碳核证机构，负责颁发、跟踪项目的碳排放额，及时发布碳排放额信息，公开透明地检测碳交易全程。②

要成为 CAR 的注册温室气体减排项目并成功获得碳排放抵消额（offset credits），就必须要达到 CAR 制定的严格标准，即这些碳减排项目必须带来真正的（real）、永久的（permanent）、可核证的（verifiable）

---

① Platts, McGraw Hill Financial, Six US States Leave the Western Climate Initiative. 18 November, 2011. http：//www. platts. com/RSSFeedDetailedNews/RSSFeed/ElectricPower/6695863，最后访问日期：2013 年 6 月 6 日。

② Climate Action Reserve（CAR），英文原文："The Climate Action Reserve is a national offsets program focused on ensuring environmental integrity of GHG emissions reduction projects to create and support financial and environmental value in the U. S. carbon market. It does this by establishing high-quality standards for quantifying and verifying GHG emissions reduction projects, overseeing independent third party verification bodies, issuing carbon credits generated from such projects and tracking the credits over time on a transparent, publicly-accessible system." http：//www. climateactionreserve. org/how/program/，最后访问日期：2013 年 6 月 6 日。

和额外的（additional）温室气体减排，这些标准与《京都议定书》的国际碳交易市场所采用的标准是一致的。① CAR 一个很值得借鉴的做法是，它为所有颁发的碳排放信用额都指定独一无二的序列号（unique serial numbers），这样做可以有效地避免碳排放信用额的重复颁发和使用，而且也可以让买家放心，一旦某个碳减排项目结束后，项目所产生的碳信用额是不会被转卖和重复使用的，这就能确保碳减排项目带来的温室气体减排效应是真实的、永久的，而且所有的碳减排项目信息公众都可以在 CAR 系统中查询到，CAR 在信息公开透明方面，无疑为其他碳交易市场树立了榜样。②

（四）芝加哥气候交易所

芝加哥气候交易所（Chicago Climate Exchange，CCX）于 2000 年创建，从 2003 年开始正式运营，是全球自愿碳减排交易体系的代表，它开创了世界上第一个限额交易型碳交易市场，也是北美地区唯一交易 6 种温室气体的交易平台。③ CCX 的成员需要作出自愿但是具有法律约束力的减排承诺，所有成员的基础年排放量（baseline and annual emissions data）都会经过专门的金融工业管理机构（Financial Industry Regulatory Authority，FINRA）的核证，然后 CCX 会根据成员的年基础碳排放数值和当年 CCX 的温室气体减排目标，给成员企业分配它们的年温室气体排放额，在 CCX 系统中碳排放额被称作碳金融工具（Carbon Financial Instrument，CFI）。④ 原则上，CCX 成员在第一阶段（2003—2006 年）的年温室气体排放要比它们的基础碳排放量减少 4%，而在第二阶段（2007—2010 年）成员的温室气体排放量要比基础值降低 6%。如果成员企业的温室气体排放量超过了 CCX 设定的年碳排放量，就需要用往年剩余的碳排放额 CFI，或是在 CCX 碳交易市场上向其他有盈余排放额的企业购买；而那些达到

① Climate Action Reserve（CAR），http：//www. climateactionreserve. org/how/projects/，最后登录日期：2013 年 6 月 6 日。

② 同上。

③ Sabbaghi O.，Sabbaghi N.，"Carbon Financial Instruments，Thin Trading，and Volatility：Evidence from the Chicago Climate Exchange"，*The Quarterly Review of Economics and Finance*，2011，（51），pp. 399 – 407.

④ Kim H. S.，Koo W. W.，"Factors Affecting the Carbon Allowance Market in the US"，*Energy Policy*，2010，（38），pp. 1879 – 1884.

减排目标的成员，就可以把盈余部分的碳排放权放到交易所出卖或存储。①

　　然而与 RGGI 等区域性的碳交易系统有州政府的立法支持不同，芝加哥碳交易所的碳排放权交易缺少美国国家层面的立法支撑，所以虽然是最早开展的碳交易市场，但是 RGGI 的碳排放额很快就超过 CCX 很多倍，法律政策的不明晰严重影响了 CCX 成员企业的碳交易信心，也最终导致 CCX 在 2010 年年底结束了碳排放额交易。② 正如美国 CNN 新闻所分析的，缺乏立法支持是 CCX 被迫关闭限额—交易型碳交易市场的主要原因。③ 这个教训再次凸显了碳交易立法对于抑制碳市场的负外部性和提高社会对碳交易认可度的重要性，也再次提醒我们基于碳商品的特殊性，碳市场是一个必须完全靠法律政策支撑才能确保其健康发展的市场。

第五节　构建有中国特色碳排放权
交易法的法律原则和要素

一　中国碳排放权交易法的立法原则

（一）逐步推进原则

　　由于我国的经济发展不平衡，地区间的碳排放现状有很大差别，在碳排放权交易的立法和实施过程中应该遵循循序渐进的原则。比如可以先在

---

① Sabbaghi O., Sabbaghi N., "Carbon Financial Instruments, Thin Trading, and Volatility: Evidence from the Chicago Climate Exchange", *The Quarterly Review of Economics and Finance*, 2011, (51), pp. 399 – 407.

② Fox News, 11 November, 2010, http://www.foxnews.com/politics/2010/11/09/collapse – chicago – climate – exchange – means – strategy – shift – global – warming – curbs/, 最后访问日期：2013 年 6 月 5 日。New York Times. 3 January, 2011, http://www.nytimes.com/cwire/2011/01/03/03climatewire – chicago – climate – exchange – closes – but – keeps – ey. – 78598. html? pagewanted = all, 最后访问日期：2013 年 6 月 5 日。

③ CNN news, 17 November 2011, 英文原文："The Chicago Climate Exchange, a pilot program for the trading of greenhouse gases in the U. S., is shutting down for lack of legislative interest." http://money.cnn.com/2010/11/17/news/economy/climate_ exchange/index. htm, 最后访问日期：2013 年 6 月 5 日。

一些市场条件相对成熟的区域，建立碳交易区域市场，在积累了实践经验的基础上进而建立全国性的碳交易市场。

逐步推进的原则还应体现在中国的碳交易市场建设进程上，由于碳交易体系的构建是一个复杂的系统性工程，受到一个国家的经济发展水平、科技发展水平、法律制度建设等多方面因素的制约影响，所以从自愿减排市场向强制性碳排放权交易机制的过渡只能是一个循序渐进的过程。具体到碳交易制度的立法，就要体现出弹性、包容性和渐进性的特点，在中国碳交易市场建设初期的自愿减排市场阶段，实施符合自愿减排市场要求的碳交易法，然后过渡到自愿减排的强制性履约市场减排法，最后启动全国范围的强制性的碳排放权交易法。

（二）激励与惩治相辅相成原则

我国在碳排放交易立法中应该遵循激励与惩治相结合的原则。由于我国碳排放权交易刚起步，企业对碳交易市场重要性的认识还有待提高，对于那些积极主动参加碳排放权交易体系的企业，我们应该给予奖励以鼓励更多的企业开展低碳减排行动。具体的奖励措施可以是多种形式的，比如国家在税收上对于自主加入碳排放权交易体系的企业进行适当减免，对于因为积极减排而影响经济效益的企业给予财政补偿。在碳排放权的分配上，对于较早加入碳排放权交易体系的企业，可以分得更多的免费碳排放额，而对于晚加入的企业则应相应减少所分得的免费碳排放额。同时实行严格的强制报告制度，对于提供虚假碳减排信息的企业要予以经济制裁和行政处罚，以树立法律的权威性，确保法律的约束力和执行力。

（三）集中与分散相结合的原则

中国的地区经济发展不平衡的现状以及碳排放分布的地区性差异，就要求中国的碳排放权交易立法不能搞"一刀切"，而是应该在充分考虑地区发展状况的基础上，采取中央政府集中管理和地区政府分权化治理相结合的原则。在这一点上，欧盟的分权化治理模式就提供了很好的经验借鉴。我国的碳排放权在总量设定、碳排放权分配以及碳交易管理上都应充分尊重地方的发展的特点，在中央集中管理的基础上赋予地方政府较大的自主权，由地方政府决定中央划分下来的碳排放权该如何具体在企业和行业间分配，碳排放权交易的具体管理和监督也应交给地方政府部门，充分调动地方的积极性，实现中央和地方利益的兼顾。

（四）政府监管责任法律化原则

虽然碳排放权交易体系主要依赖市场机制的调节作用，但是政府行为也在其中发挥着不可或缺的作用，特别是"制定排污总量""排放权的初始分配""监督碳排放权交易制度的执行""管理碳排放交易""审核碳交易指标"等政府行为对于碳排放权市场的健康运行有重要影响。① 这就需要我们把政府的管理和监督职责法律化，明晰政府的监管职能，使得政府相关部门在管理碳排放权交易体系过程中真正做到有法可依、有法必依和执法必严。由于碳排放权交易管理是一个涉及多个部门的系统性复杂工作，所以政府需要建立良好的工作协调平台、碳排放量监测平台、企业信息平台和碳排放权交易平台，加强市场监管，确保碳交易市场的健康、规范和有序地运行。②

（五）坚持适度原则

我国的碳排放权交易立法应该遵循不以伤害经济发展为前提的适度原则，这一原则尤其体现在碳排放额的确定上以不过度影响产业部门的经济发展为前提，使得碳交易机制实现经济效益和环境效益的双赢局面。③ 欧盟在其碳排放权交易立法中就充分体现了这一原则，在欧盟碳交易机制建立初期实施免费碳排放额发放，到 2013 年后虽然是逐步取消免费碳排放额分配，但也充分考虑到欧盟经济的承受程度，对于一些还没有准备好的经济部门仍然实施碳排放额免费发放，使得它们有更长的缓冲期来适应生产成本的提高和国际竞争力的加强。对于我国这样一个仍需大力发展经济的发展中国家，我们更要吸取欧盟的经验，坚持适度干预经济的原则，在充分考虑到我国经济承受力的基础上，采取适合我国当前国情的碳排放权分配方式，用市场手段促进企业向低碳经济发展模式转变。

（六）坚持社会公平原则

公平地分配碳排放权是碳排放权交易立法中同样需要遵照的原则。由于中国地区经济发展差异较大，中国的温室气体排放分布也存在着地区差异，而且不同产业部门的低碳减排科技水平也存在着较大差异，这就需要我国在碳排放立法中体现社会公平原则，在碳排放权份额的分配上更需要

---

① 傅强、李涛：《我国建立碳排放权交易市场的国际借鉴及路径选择》，《中国科技论坛》2010 年第 9 期。

② 周文波、陈燕：《论我国碳排放权交易市场的现状、问题与对策》，《江西财经大学学报》2011 年第 3 期。

③ 李建勋：《欧盟碳排放权交易机制及其修订对中国的启示》，《生态环境》2010 年第 10 期。

照顾那些经济发展相对落后地区以及给予相关产业更长的过渡期来适应碳排放权交易法的要求。考虑到温室气体减排特别是实施强制碳排放权交易体系后可能对弱势群体和中小企业产生不良影响，我国应该在兼顾效率的同时也要兼顾公平，重视保障低收入人群的基本权益。

（七）公开透明原则

碳排放权交易市场就如同其他的商品市场一样，要遵循公开透明原则，建立公开的便于社会监督的碳排放权交易平台，允许符合碳交易资格的企业按照公开透明的交易规则公平地进行碳交易买卖。为了便于市场监督、有利于企业进行碳交易和及时掌握碳市场信息，许多国际上的主要碳交易市场都利用网上碳交易平台，进行企业碳排放权交易登记、碳排放权转账以及碳排放量监督等，这就有利于公开透明原则的贯彻。同时政府管理部门也应该及时公布碳市场交易信息以及碳市场行政管理部门的管理信息，使得公众能有力监督碳交易市场的运作，杜绝违反碳交易法规定的不法交易行为，防止一些企业通过碳排放权套利，敦促行政部门依法管理，充分发挥公众的监督作用，提高碳排放权交易体系的社会认可度和公信度。

（八）与国际相接轨原则

由于我国碳排放权交易立法的滞后，还未建立起与国际接轨的碳排放交易法律制度，使得我国在国际碳交易市场上出现"失语"现象。[①] 所以我国应该向欧盟碳交易体系学习，在制定国内碳交易规则的时候就要采用国际上普遍认可的交易规则，建立与国际上主要的碳交易市场产品相等的碳产品，以便于国内碳商品在国际市场上的流通，同时我国的碳交易市场体系在设计的时候也要充分考虑到与国际大的碳交易市场如欧盟碳交易体系和美国芝加哥碳交易市场的对接，加强与国际碳交易所的合作，能有效保障我国碳排放额的国际定价权，增强我国在国际碳市场上的影响力。

二　中国碳排放权交易法的要素

（一）明确碳排放权所涉及的基本法律行为

要建立有效的碳排放权交易法，首先要明确碳排放权所涉及的基本法

---

① 杨晓青、巩曰龙：《德国低碳循环经济的法制保障对我国的启示》，《学术交流》2011 年第 5 期。

律行为，碳排放权交易所涉及的基本法律行为包括四种，第一种是国家行政行为，即相关行政部门的"碳排放总量控制""碳排放权行政许可""行政指导"和"检测监督"等行为，是碳交易市场健康运行的保障；第二种是碳排放量的评价行为，即由第三方核证主体对企业的真实碳排放量进行独立审评和确认，这有利于碳减排赢得社会的支持并促进碳市场的健康发展；第三种是市场中介行为，指的是由中介机构为交易双方提供市场供需信息并创造交易便利条件的行为，这有利于碳交易市场的蓬勃发展；第四种是碳排放权交易行为，这也是碳排放权交易中涉及的主要法律行为。① 因此要围绕上述行为制定相关法律予以规范。

（二）碳排放权交易的主体

碳排放权交易主体是指参与碳交易活动，享受权利并承担相应义务的组织和个人，是碳交易市场的基础性要素。② 按照不同的分类标准，碳排放权交易的主体可以分为以下几类：1. 按照是否实际上造成碳排放，分为碳排放权主体和非碳排放权主体；2. 按照是否直接参与碳排放权交易的标准，分为碳排放交易合同法律关系的主体和非碳排放交易合同法律关系的主体；3. 按照交易主体的地位，分为一级市场主体和二级市场主体；4. 按照碳排放交易市场的强度，又可分为强制减排市场主体和自愿减排市场主体。③ 在中国当前以自愿减排为特征的碳交易市场情形下，国内的碳交易主体属于自愿减排市场主体，同时由于中国的碳交易还处于初始阶段，还是以 CDM 项目为基础的一级市场碳交易，所以都是一级市场主体。但是随着我国逐渐过渡到强制性减排碳交易市场，碳减排交易主体也会发生相应变化，会变成强制减排市场主体以及二级市场主体。

我国的碳交易立法需要明确碳交易主体的权利、义务和法律责任。在明确了碳交易主体的基础上，还应建立一套成熟的主体资格审查法律制度。政府相关的环保部门需要对碳交易双方进行资格认定，对碳交易主体的碳排放量进行检测，对于不能达到碳减排要求的企业不能获得碳排放权买卖方资格，坚决杜绝违规套利的现象发生。对于主体的范围确定问题，即哪些行业和企业应该被纳入碳减排体系中，是一个关系到碳减排体系是

① http://www.hbjob88.com，最后访问日期：2013 年 5 月 6 日。

② 彭本利、李挚萍：《碳交易主体法律制度研究》，《中国政法大学学报》2012 年第 2 期。

③ 同上。

否能成功运作的重要问题。由于碳交易主体范围的问题关系到企业的成本和国际竞争力，所以这是每个碳交易体系都要解决的核心问题，事实上，在欧美的强制性减排体系建设之初，碳交易主体范围的问题就曾经引起了激烈的讨论，而且关于这一问题的争论还在继续。在国际碳交易实践上来看，碳排放权交易主体中的买方大致可以分为五大类：碳排放额超标需要从市场上购买碳排放权的企业，这也是碳交易的主要买方；政府设立的专项碳基金；以营利为目的、由私有资本融资的碳基金；把碳排放权作为新型金融服务产品的各类银行买家；非营利性质的、为推进全球低碳减排而参与碳交易市场的机构和个人。[①] 考虑到我国现阶段的经济发展水平和低碳减排技术水平，我国的碳排放权交易的主体范围可以从小到大、逐步扩展，在初期可以先把具有一定经济规模的大型碳排放企业纳入碳交易主体范围，比如以电力、石化和钢铁为代表的能源企业，在积累了一定经验的基础上，再扩展到所有负有温室气体减排任务的企业。[②]

（三）碳排放权交易的客体及交易合同

法律关系上的客体是指"法律关系主体之间权利义务所指向的对象"，在碳排放权交易的语境下，客体指的是碳交易主体依法从行政管理部门获得的碳排放额，具有可以在碳交易市场进行买卖的商品属性。[③] 根据《京都议定书》的规定，一共有六种温室气体都可以作为对象气体进行交易，分别是二氧化碳、甲烷、氧化亚氮、六氧化硫、全氟化碳、氢氟碳化物，这六种温室气体都按照 CO_2 为标准当量来计算排放额。从理论上来讲，这六种气体的碳排放权都可以作为碳交易的客体在碳排放权交易体系中进行买卖，但是在具体实践中，从碳排放权监测的精确度和便于操作性考虑，各国往往都从 CO_2 开始，由少到多，逐步扩大碳交易对象气体的范围。[④] 我国在碳交易体系建立之初，也应从 CO_2 作为交易对象气体开

① 冷罗生：《构建中国碳排放权交易机制的法律政策思考》，《中国地质大学学报》2010 年第 2 期。

② 白洋：《论我国碳排放权交易机制的法律构建》，《河南师范大学学报》2010 年第 1 期。

③ 同上。

④ 欧盟的碳交易体系的建立和发展是分段逐步推进的，在欧盟碳排放权交易体系建立之初，也即第一阶段，欧盟把碳交易气体对象限定为 CO_2，交易客体为 CO_2 排放额，到第二、三阶段，逐步扩展包括其他几种温室气体的排放权交易。考虑到温室气体排放权检测的复杂性，这种循序渐进的做法值得中国学习借鉴。

始，随着碳交易体系的逐步完善和我国温室气体排放检测水平的提高，而逐步增加其他五种温室气体到碳交易体系中。

另一个碳排放权交易中重要的法律概念是碳交易合同，它遵照一般合同法的要求，可以放在我国的民商法法律框架里来规范。但是与一般商业合同不同的是，碳排放额是国家行政部门赋予碳交易主体的对国家所有的碳容量的使用权，所以碳排放权交易有一定的公法属性，而碳交易合同需要通过碳交易行政部门的批准才能在法律上生效。①

（四）碳排放权交易的方式

目前中国的碳排放权交易方式还是单一的以 CDM 项目为基础的碳交易，但是随着中国碳市场的逐渐成熟，我国还应过渡到发展出多样的碳市场交易品种和金融产品。我国应在借鉴国际经验的基础上，不断创新符合中国国情的碳排放权金融产品及其金融衍生产品，包括碳期权、期货交易和投资。同时我国还应积极借鉴国际上主要碳交易市场的碳产品经验，开发对等的碳商品以方便我国碳排放权产品在国际市场上的流通，增加我国的国际影响力，保护我国企业的利益。

（五）碳交易总量的确定

碳排放的总量控制是碳排放权市场发展的必要条件，因为只有确定了碳排放权交易的总量，才能制造出排放权的商品属性，即稀缺性、排他性和交易性。但是如何确定碳排放总量水平也是碳排放权交易体系的一个难点。就像一些学者所指出的，因为各个企业的减排成本很难估计并且具有很大不确定性，所以碳排放总量很难准确估计。② 如果碳交易总量定得过高，就会使企业分得的碳排放额过高，而降低了对企业的碳减排刺激作用，降低了可能达到的环保效益；另一方面，如果碳交易总量定得过低，又会造成企业分得的碳排放额过低，从而加重了企业的减排成本，过重的负担会对企业的发展带来负面影响。

（六）碳排放权的初始分配

碳排放权是法律创造出的权利，而如何有效合理地进行这个权利的初始分配就关系到整个碳交易市场能否成功运行。碳排放初始分配的方式分

---

① 白洋：《论我国碳排放权交易机制的法律构建》，《河南师范大学学报》2010 年第 1 期。

② 刘小川、汪曾涛：《二氧化碳减排政策比较以及我国的优化选择》，《上海财经大学学报》2009 年第 4 期。

为无偿分配和有偿分配两大类，再具体细分可以分为四种模式，即"免费分配""固定价格出售""拍卖"和"免费与有偿相结合的混合分配"。① 国际上的实践经验是许多成功的碳交易所都是以无偿分配为主要方式，但是随着碳排放权交易体系的完善和成熟，逐步向有偿购买的模式转化。我国在碳排放权交易立法中也应遵循这个模式，在当前排放权交易体系的初始阶段，采用碳排放权无偿分配模式，然后随着实践经验的积累，向有偿分配方式过渡。

（七）碳排放权的定价机制

就像其他市场一样，价格的关键决定因素是商品的稀有程度（scarcity），碳商品的价格取决于碳交易市场上存在的碳排放额数量以及对于未来的预期。碳市场与一般市场最根本的不同在于市场上的碳排放额数量直接取决于政府关于碳排放额分配的决定，而对于未来的市场预期主要是对于未来减排目标的预期。一个成熟的碳交易市场具有多层次定价格局的特点，按照类别来分，碳排放额度的定价机制包含一级碳市场的初始碳排放权拍卖的定价机制，二级碳市场按需求决定的定价机制以及碳金融市场金融衍生品的定价机制。② 在不同的定价机制下，碳交易的法律要素包括交易主体、交易方式、交易合同和法律责任等都具有不同的特点，这就要求我们在立法中对不同层次的碳排放权定价机制采用不同的针对性措施来进行法律规制，加强法律监管以最大限度降低碳市场运行风险，打击操纵碳排放权价格的投机行为，以实现通过碳排放权体系来推进低碳减排的法律实效。

（八）碳排放权申报登记结算机制

作为碳排放权交易法律制度框架中的重要组成部分，碳排放权申报登记结算机制的效率和安全性直接关系到碳交易市场能否健康运行。基于欧盟和美国的碳交易市场制度经验，我国应尽快建设全国性的统一的碳排放权交易的注册、登记、交易和结算一体化平台，③ 天津碳交易所的自愿减排服务平台就是一个好的试点。其中，碳排放权的申报登记主要是指希望

---

① 傅强、李涛：《我国建立碳排放权交易市场的国际借鉴及路径选择》，《中国科技论坛》2010 年第 9 期。

② 董岩：《美国碳交易价格规制的立法进展及其借鉴》，中央高校基本科研业务费专项基金资助项目的阶段性成果。

③ 国际上多采用的是碳排放权申报、登记、交易和结算一体化的网络平台。

参加碳排放权交易的企业需要首先向政府环保部门申报登记本企业所具备的温室气体排放设施、低碳减排处理方法和正常情况下的碳排放量，以便政府掌握当地企业的碳排放情况。① 建立这样信息公开的高效的碳排放权申报、登记、交易、结算机制，有利于企业对碳市场信息的及时查询，方便企业开展碳排放权交易和结算，同时方便政府管理部门对企业的碳排放额交易行为进行监督，既提高了碳排放权交易的公信度和透明度，又能有效防范市场风险，规避不法行为。

（九）碳排放量评价机制

建立碳排放量评价法律机制有利于使碳减排获得公信力，赢得社会的支持。我国应在借鉴国际经验并充分考虑中国国情的基础上，建立与国际评价标准相接轨的科学评价机制。由于我国的碳市场发展仍处于起步阶段，所以碳排放量评价机制的引进应遵循序渐进的原则，先在一些省市试点，然后再全面推行，逐步建立起各个行业的碳减排检测和评价体系。同时为了提高碳排放量认证体制的社会可信度，便于开展企业的碳排放量认证，我国还应建立专业的碳减排量认证监测机构，让第三方碳排放量评价机构发挥在企业碳排放量的测量和评价中的专业角色。② 第三方碳排放核证机构是碳交易中，为避免不实的碳排放数据、确保碳排放项目所申报的减排量的真实性，对项目进行监督和核查的独立于碳交易主体双方的第三方碳交易辅助机构。目前我国只有寥寥两家第三方核证机构得到联合国认可，我国应大力扶植第三方核证机构的发展来适应我国碳排放权交易体系的推进。

第六节　结语

作为应对气候变化的有效市场手段，碳排放权交易体系能使整个社会的温室气体减排成本得到优化，建立碳交易体系已经成为大势所趋，欧美国家纷纷建立国家和区域层面的碳交易体系来推动本国的低成本减排和绿色经济的发展。我国作为全球第二大温室气体排放国，巨大的减排潜力使

---

① 白洋：《论我国碳排放权交易机制的法律构建》，《河南师范大学学报》2010 年第 1 期。

② http：//www.hbjob88.com，最后访问日期：2013 年 5 月 6 日。

得我国碳市场成为最具潜力的排放权交易市场，发展碳排放权交易正当其时。构建符合我国现阶段发展国情的碳排放权交易体系对于实现节能减排和产业结构的优化调整，提高我国的国际竞争力，把握新的经济增长点，实现低碳经济转型，在全球气候政治经济博弈中赢得有利地位具有重要意义。

　　然而需要看到的是构建有中国特色的碳排放权交易市场是一个复杂的系统工程，需要在法律和政策制度等方面做充分的准备，而且由于碳排放权交易的推行特别是强制性碳交易体系在全国范围内的实施，会对许多企业的短期经济效益产生负面影响，一定程度上增加企业的生产成本，影响其产品的国际竞争力，所以我们要有会遇到社会阻力的思想准备。面对来自国际和国内的日益严重的低碳减排压力，我们已别无选择，我们必须承受这样的"阵痛"，才能从根本上改变中国高能源消耗、高排放的不合理经济结构，用市场这个"无形的手"推动企业提高低碳科技水平，促使中国经济从过去低附加值、高排放的粗放型增长模式向高附加值、低排放的绿色经济增长模式转变，从而从根本上实现经济发展和环境保护和谐统一、相互促进的"双赢"局面。

第五章

农业低碳化的法律政策思考

第一节 引言

作为最大的发展中国家，中国有世界上最多的人口需要养活，这给我国农业带来了巨大的压力，我们只有不断提高农业产量才能满足日益增长的人口需求。但令人忧虑的是，农业又是中国主要的温室气体排放产业之一，占中国温室气体总排放量的20％，并且碳排放量在过去25年中一直在不断增加[①]。对于中央政府和地方政府来说，一个重大挑战就是如何在满足日益增长的农产品需求的同时又能不断降低农业的温室气体排放量。这一现实也说明了推进农业低碳化发展道路的迫切性和重要性。

虽然低碳农业作为解决农村资源短缺、应对气候变化的有效农业发展模式已经逐步为世界各国所认同，然而我国的低碳农业研究却仍然很滞后，低碳农业的推广也没有得到应有的重视，这其中的一个重要原因是我国还没有在法律上、制度上奠定农业低碳化作为我国农业发展国策的地位，没有为低碳农业的健康发展创造一个良好的法制、政策环境。基于这样的现实，本章采用法学和经济学相结合的研究方法，力图从法律上、政策上探讨中国低碳农业的发展道路。本章分为三大部分，第一部分（即本章第二节）采用经济学方法来研究什么因素造成了中国农业的温室气体排放。第二部分（即本章第三节）基于低碳农业的实证研究成果，针对如何减少农业的碳排放进行政策讨论。第三部分（即本

[①] SAIN, "Improved Nutrient Management in Agriculture-A Neglected Opportunity for China's Low Carbon Growth Path", *Policy Brief* 1, 2011.

章第四节）在借鉴澳大利亚、德国和美国的低碳农业立法经验的基础上，对我国如何建立专门的低碳农业法进行了初步探讨，对我国低碳农业立法的基本原则和法律要素进行了初步设想，希望能对我国的低碳农业立法提供有益建议。

第二节　什么因素导致中国农业的温室气体排放

农业是关系我国国计民生的基础产业，稳定的粮食生产对于我国这样一个人口大国始终是一个关系社会稳定、百姓利益的关键问题。农业又是所有行业中对气候变化因素敏感程度最高的行业，由温室气体过量排放带来的气候变化已经严重影响到农业的可持续发展，特别是极端气候带来的农业减产直接威胁我国的粮食安全。事实上，中国一直以来就存在着自然灾害频发，人均农田拥有量低，农业现代化水平不高等问题，这就使得我国农业对于气候变化的负面影响有着较低的适应能力。气候变化会增加农田沙漠化的风险，降低农田的肥沃程度，引发更多的虫害灾难，增加农业生产成本，而且需要大量增加投资来应对农业生产过程中因气候变化造成的不利影响。如果不能及时应对气候变化，就会有更多的危害。根据一项研究结果，如果我国政府不及时采取有效措施，到2030年，我国的农业生产能力可能会下降5%以上，粮食生产可能会出现至少7%的短缺[1]。这样令人担忧的前景无疑警醒我们发展低碳农业已经刻不容缓。

低碳农业的概念是相对于传统的"高能耗、高污染、高排放"的农业生产模式而提出来的，它的主要特点是"低能耗、低污染和低排放"，最终目的是要以最小的温室气体排放获得最大的整体收益[2]。研究表明低碳农业的发展模式，不仅能减少农业本身向大气的温室气体排放，而且有效的农业管理方法还可以使农业变成碳汇（carbon sink）来帮助吸收大气

---

[1]　王铮、郑一萍：《全球变化对中国粮食安全的影响分析》，《地理研究》2001年第3期。

[2]　王耀兴、安炜姣：《中国发展低碳农业的法律构建研究》，《中国农村小康科技》2010年第6期。

中的碳排放，① 这样低碳农业就成为人类应对气候变化的一个有效解决途径。事实上，森林和农田都是天然的碳汇，可以通过光合作用来吸收、储存二氧化碳，但是当农田被不科学地耕种时，天然的碳汇就遭到了破坏，大量的二氧化碳就被释放出来。值得一提的是，农田的碳固存（carbon sequestration）是一种低成本但高效的碳排放存储方式，按照联合国粮农组织的估计，低碳农业可以抵消高达80％的由石油农业带来的温室气体排放。② 总而言之，这种以降低温室气体排放为目标，通过减少碳排放、增加碳汇的手段来应对气候变化的低碳化模式正是适应我国当前和未来农业发展需要、确保粮食安全的根本发展道路。

要实现农业的低碳化发展需要采取相应措施来减少碳排放量并且促进这个行业的可持续发展。研究表明，农业领域的温室气体排放主要是由以下几个方面造成的：能源消耗、化肥生产、农药使用、稻田和畜牧业生产以及施肥管理。能源投入是农业生产中必不可少的组成部分，但却能造成大量的二氧化碳排放。农业上主要的直接能源使用来自机器和设备的使用、房屋的供暖和降温，以及农场的照明；③ 而间接的能源消耗主要是因为化肥和其他相关化学产品的生产。和直接的能源使用相比，间接的能源消耗要大得多，特别是合成氮肥的生产。化肥，尤其是氮肥，是农业领域最主要的温室气体排放源之一。虽然农药使用也造成了大量的温室气体排放，这一问题在学术界却没有得到应有的重视，很少有研究来直接探究农药对于碳排放的影响。本章通过探讨农药使用和温室气体排放的关系，在一定程度上填补了这个研究空白。

尽管农业的碳减排很重要，却少有研究直接探讨中国农业的温室气体减排问题。在现有的有限研究中，很少有把能源、化肥和农药这三大温室气体排放源纳入分析的。从研究方法上来看，大部分现有的研究还停留在以文献研究或案例分析为基础的描述性的研究方法上。这些研究虽然能加深我们对所讨论问题的理解并能提供相关的宝贵信息，但却无法为我们深入和全面地探讨议题提供令人信服的实证证据。Hu and McAleer 等人的研

---

① Garry, K. C., "Managing Carbon in a World Economy: The Role of American Agriculture", *Great Plains Natural Resources Journal*, 2005 (9), pp. 18 – 27.

② 朱丽娟、刘青：《气候变化背景下美国发展低碳农业的经验借鉴》，《世界农业》2012 年第 8 期。

③ Schnepf R., "Energy Use in Agriculture Background and Issues", UNT Digital Library, 2004.

究是极少数的几个特例。比如，Hu and McAleer 采用平面数据模型（panel dataset）来研究中国 30 个省份在 1991 年到 1997 年间的农业产量效率。[1] Zhang 等人采用了脱硝化和降解模型（DeNitrification-DeComposition model）来量化中国东北地区稻田的碳排放量。[2]

笔者采用空间平面数据（spatial panel data）的研究方法来探讨能源使用、化肥和农药对于温室气体碳排放的影响，这为填补当前的研究空白做出了有益的尝试。[3] 考虑到中国在农业生产和农业二氧化碳排放上的巨大地区差异性，笔者运用区域研究的分析方法，以省份为单位，考察以上三大因素对于中国不同地区的农业的碳排放的影响。区域分析的研究方法有助于勾勒出一个更加具体和清晰的中国农业碳排放情况的图景。除了这三大因素外，此研究也把农业器械运用、政府农业投资政策、降水量这几个控制变量（control variable）纳入模型分析之中。我们的样本包括中国内地的 31 个省份，考虑的时间是从 1995 年到 2007 年的 12 年间[4]。因变量是二氧化碳排放量，自变量是能源、化肥和农药使用量。

上述研究发现能源消耗、化肥使用、农药使用、农业设备使用、农业投资和降水量都对农业的二氧化碳排放量有促进作用。中国农业的碳排放不断增长的事实，表明中国进行低碳化的农业发展道路已经刻不容缓。研究结果对于中国低碳化农业发展政策具有现实指导意义。考虑到能源消耗、化肥使用、农药使用、农业设备使用和农业投资这些因素都能增加二氧化碳排放量，我国政府应该制定相应的措施来各个击破这些农业碳排放源头。具体来说，从降低能源消耗的角度，我们应该花大力气鼓励可再生

---

[1] Hu B., and M. McAleer, "Estimation of Chinese Agricultural Production Efficiencies with Panel Data", *Mathematics and Computers in Simulation*, 68 (5-6), pp. 474-83.

[2] Zhang, Y. et al., Characterizing Spatiotemporal Dynamics of Methane Emissions from Rice Paddies in Northeast China from 1990 to 2010, *PLoS ONE*, 7 (1), pp. e29156.

[3] 由于本章的主要目的是从法律角度探讨如何推进农业的低碳化，为了突出重点，本章把经济学分析的相关内容做了最大限度的缩减，主要保留了研究背景、研究发现和政策讨论。具体的经济学分析可以参见笔者撰写的文章 "The Decarbonisation of China's Agriculture", http://www.wider.unu.edu/stc/repec/pdfs/wp2012/wp2012-074.pdf。

[4] 本研究使用的数据来源于中国科学院的可持续发展数据库，由于可以找到的农业相关数据只提供到 2007 年，所以本研究考虑的时间范围只到 2007 年，考虑到数据时间上的局限性，笔者也在积极寻找更新的数据来完善此研究。Chinese Academy of Sciences, *China's Sustainable Development Database*. Available at: http://www.chinasd.csdb.cn/tree.jsp。

能源在农业领域的运用并同时提高能源的使用效率。

合成氮肥的滥用一直以来都是中国农业的一大问题，氮肥的使用造成了大量的碳排放。考虑到化肥使用对气候变化的恶劣影响，我们急需采取有效的措施来减少化肥引起的温室气体排放。正如 Norse 所建议的，通过优化合成氮肥的施肥时间和位置，以及推广使用缓慢释放的化肥和硝化抑制剂，我们就能以较低的成本减低化肥的碳排放。[1] 尽管在当前的文献中，农药的使用问题并没有得到应有的关注，研究提供了翔实的证据证明，农药的使用增加了农业的温室气体排放。因此，政府应该积极鼓励低碳农药的研制和使用来代替传统的高碳排放农药。关于农业投资，政府应该把大量的投资放到低碳农业的发展上来，比如说应该加大投资发展可再生能源和加大环保化肥、农药的研发投资力度，这样的绿色农业投资能够有效地降低农业的碳排放强度，促进可持续农业的发展。

第三节　政策讨论

通过数据分析，研究发现农业器械使用、化肥使用、农药使用、农业投资和自然灾害是中国农业二氧化碳排放的主要诱因。中国从原有的农业发展模式转换为低碳农业的发展道路需要付出巨大的努力，包括进行技术革新和政策改革来建立一个有利于绿色农业发展的政策环境。中国政府已经把以下政策作为重要的行动计划写入"十二五"规划："提高公共服务能力来促进低碳农业发展；提高公共服务部门职能来促进农村或地区的农业技术推广，牲畜和农作物的疾病防治，农作物产品的质量监督。"[2]

为了促进农业从传统的化石资源为基础转换为以可再生能源为基础，中国农业部已颁布了一系列促进可持续农业发展的法律和法规，以促进薪材节能灶、沼气和太阳能的推广，因为这些法规的实施，在农村地区，生

---

[1]　Norse D. (2012), "Low Carbon Agriculture: Objectives and Policy Pathways", *Environmental Development*, 1 (1), pp. 25 – 39.

[2]　Ministry of Agriculture The People's Republic of China (2012). Excerpt of China's 12th Five-Year Plan: Agriculture Part. Ministry of Agriculture website. Available at: http://english.agri.gov.cn/Topics/12th/201204/t20120428_ 4365. htm.

物能源的使用比例已减少了很多。这些政策法规干预的积极作用开始显现。①

中国政府长期以来施行了促进氮肥使用的补助政策，这一政策曾经大大促进了中国化肥业的发展和提高了农作物的产量，但是却对中国的低碳化农业发展产生了消极作用。这一促进氮肥使用的补助政策已经变成我国当前降低氮肥过量使用的一大障碍，客观上加剧了二氧化氮在空气中的排放。为了响应中国政府降低氮肥过量使用的措施，这一不利于中国低碳农业发展的氮肥使用补助政策已经被取消。为了减少化肥使用引起的温室气体排放，中国政府现在大力提倡使用牲畜粪便制成的有机化肥。②

农药的过度使用是另一个严重危害中国环境和公众健康的问题。鉴于农药对温室气体排放的不良影响，中国已经设立了严格的法律法规来规范农药的使用。中国政府已经在下列领域修订改善现有的法规，即"农药生产登记、质量控制、市场营销，以及对农药使用的行政管理"，并要求当地政府审查注册登记的农药，并禁止使用对公众健康和环境有害的农药产品。③

然而，中国政府需要颁布更多的政策法规和付出更多的努力，来鼓励低碳能源（如水电、沼气能、太阳能、地热和风能）、有机肥料和低碳农药的生产和广泛应用。除了政策法规，政府和公共服务行业的能力建设和有效的财政措施的实施，也对促进低碳农业发展起到重要作用。

目前，大多数农民还缺乏节能，使用环保农业机械以及使用低碳肥料和农药的意识。大多数农民只是根据自己的有限经验来施肥和使用农药，从而导致过度使用，甚至滥用化肥和农药。因此中国政府需要做出更多的努力，来提高农民的认识和知识，使他们知道在农业生产中使用可持续能

① 例如，由于政府支持利用牲畜和家禽废物来生产沼气，"目前已建成 3556 个沼气项目，年加工牲畜和家禽废物的能力超过 80 万吨，已建有 14.6 万个沼气池以利用日常生活中的废物来生产沼气，已建立超过 500 个利用秸秆来供应中央沼气的项目，农村已推广使用 189 万个薪材节能灶，而太阳能热水器使用面积已达到 2846 万平方米"（中国农业部，2009 年）。

② Norse 的研究发现有至少两种方法来降低化肥使用造成的温室气体排放。一个是提高合成氮肥的施肥时间和施肥地点和进行系统的农作物营养管理。这是降低温室气体排放最有效的方法之一，而此方法由于使用后带来的生产成本的降低，实际成本是负的 30—60 美元。另一个方法是使用缓慢释放的氮肥和硝化抑制剂，这只比普通施肥方法贵 5%—10%，但却能把二氧化氮的排放量减半。

③ China to Tighten Rules to Pesticide Use, *China Daily*, 2011.

源的必要性和好处，并且使他们认识到化肥和农药的过度使用不仅增加了碳排放量，同时也给他们造成了不必要的开支。公共服务机构应当向农民传播有关信息和技术，培训他们如何使用最新开发的以清洁能源为动力的农业机械，培训他们如何利用更好的时机和在更合理的地方施氮肥，以及如何在农作物生产中使用缓慢释放的氮肥和低碳化肥。

政府应该施行更多的财政激励措施，尤其是应该给予农民补贴和税收减免，以支付他们因为使用可再生能源和环保化肥和农药而造成的额外的费用。政府还应更多地投资于可再生能源的发展以及环保肥料和农药的研发，这样的投资将有助于降低碳排放强度，为农业可持续发展铺平了道路。值得指出的是，除了政府投资，还需要进行经济激励和政策干预，以吸引私营企业来投资推动可持续农业的发展。

第四节　低碳农业法初探

一　我国低碳农业法律现状

要真正使中国走上低碳农业的发展道路，有力地贯彻绿色农业的相关政策，就必须建立坚实的法律基础，使我国低碳农业有法可依。而我国现在还没有制定专门、系统的保障低碳农业发展的法律体系框架。有关低碳农业的一些法律规定主要散见于《中华人民共和国农业法》《中华人民共和国环境保护法》《中华人民共和国土地管理法》和《中华人民共和国循环经济法》等法律中。比如从 2013 年开始实施的新修订的《中华人民共和国农业法》中第 8 章 "农业资源与农业环境保护" 中的第 57 条就规定，农业发展必须合理利用自然资源，积极开发使用可再生能源和清洁能源，发展生态农业，保护环境；针对化肥使用，第 8 章第 58 条规定，农业生产要合理使用化肥、农药，增加有机肥料使用，运用先进技术保护地力，防止土地污染；针对农药使用，第 8 章第 65 条规定农业主管部门应该敦促农民使用高效低毒低残留的农药，农产品的剩余物及畜禽的废弃物要妥善综合处理，以防破坏生态环境。[①]

---

① 《中华人民共和国农业法》，2012 年 12 月 28 日发布，http：//www. moa. gov. cn/zwllm/zcfg/flfg/201301/t20130104_ 3134804. htm。

现行的《中华人民共和国环境保护法》是从 1989 年起施行的，它的第 3 章第 20 条规定："各级人民政府应当加强对农业环境的保护，防治土壤污染、土地沙化、盐渍化、贫瘠化、沼泽化、地面沉降和防治植被破坏、水土流失、水源枯竭、种源灭绝以及其他生态失调推广植物病虫害的综合防治，合理使用化肥、农药及植物生长激素。"这一规定强调了通过合理使用农药和化肥来避免对农业环境的污染。然而由于这一版《环境保护法》过于陈旧，许多法条规定已经不能适应当前的环境保护需求，十一届全国人大常委会初次审议通过了《中华人民共和国环境保护法修正案（草案）》，并在中国人大网公布以征集公众意见。与低碳农业发展相关的规定有，《环境保护法修正案（草案）》将原法律的第 19 条修改为第 18 条，规定"开发利用自然资源，应当坚持合理开发水资源、土地资源和矿产资源，保护生物多样性，保障生态安全，必须采取措施保护生态环境，依法制定并实施植被环境的保护和恢复治理等有关生态环境保护和恢复治理的方案……"这里强调了合理开发农田资源、保护和修复包括农田在内的生态环境的重要性。而且修正案（草案）还在原有的第 20 条后面增加两款，"各级人民政府及其农业等有关部门应当指导农业生产者科学种植和养殖，合理施用肥料、农药及处置农业废弃物等，防止农业源污染环境……"《环境保护法修正案（草案）》比现行的《环境保护法》更具体地要求相关的政府部门需要指导农民科学地耕种农田，合理施肥和使用农药，这样的法条修正更符合低碳农业的发展要求。

2005 年颁布的《中华人民共和国土地管理法》第 19 条要求土地利用总体规划要遵循"保护和改善生态环境，保障土地的可持续利用"原则；第 35 条规定，"各级人民政府应当采取措施，维护排灌工程设施，改良土壤，提高地力，防止土地荒漠化、盐渍化、水土流失和污染土地"。这些规定体现了对农田的环境保护和对土地可持续利用的使用原则，从长远来看有利于提高耕地吸收温室气体的碳汇功能。2008 年 8 月起实施的《中华人民共和国循环经济法》是我国现有的另一个涉及绿色农业的法律，其中第 24 条要求"县级以上人民政府及其农业等主管部门应当推进土地集约利用，鼓励和支持农业生产者采用节水、节肥、节药的先进种植、养殖和灌溉技术，推动农业机械节能，优先发展生态农业"。这条法规要求在农业生产中减少化肥和农药的使用，减少农业机械的能源消耗，这些规定都有利于推进农业生产的低碳减排。

总而言之，以上对相关现行法律的回顾和概括显示，我国的现行法律虽然触及低碳农业的发展要求，但是由于零星分布于多个法律中，没有对绿色农业的发展做系统和具体的法律规定，许多法条对于农业的低碳减排还只是"倡议性"的而非强制性的硬性要求，所以在实践中很难达到好的实施效果。而且由于没有把低碳农业作为专门的领域立法，没有明晰相关法律主体的法律责任，没有明确相关机构的执法职能，所以法律的约束力很有限，造成我国当前的低碳农业因为缺乏必要的法律支持而使发展受到限制。

二　我国低碳农业发展现状

在我国政府倡导低碳减排以实现到 2020 年实现 40% 的温室气体减排目标的大背景下，低碳农业已经开始在我国的一些地区进行推广，然而总体来说低碳农业在我国还是刚起步，还存在不少问题需要完善。我国低碳农业的发展现状主要存在以下三个方面的不足，这些也是我国在低碳农业立法中所要切实考虑到的问题。

（一）社会缺乏对低碳农业的认识

许多地方政府仍然停留在传统农业的认知水平，没有认识到发展低碳农业的紧迫性和必要性，所以在政策上和财政上都没有对低碳农业给予应有的重视和投资，仍然把经济利益考虑放在首位，没有积极引导农民采用科学的低碳的农业发展模式，化肥过量使用、农药超量使用、缺乏节能减排的农业机械的问题仍然普遍存在。农民更多的是按照自己的经验来耕作，并不了解低碳农业的概念，出现了过量使用化肥、农药而农产品回报率并不高的恶性循环。

（二）农业器械不能适应低碳农业减排的要求

农村中目前主要使用的农业器械仍然是高能源消耗的老式耕作器具，对农业的生态环境带来了不利影响。由于缺乏资金和技术投资，缺乏必要的基础设施建设，以可再生能源、清洁能源为主要燃料的农业器械还没有得到广泛使用。

（三）对低碳农业的科技研发和推广不足

一方面，我国绿色农业的相关科研能力还有待提高，需要通过多种途径积极引入国外先进的低碳农业技术，并在此基础上学习和借鉴以提高自主研发能力。另一方面，我国缺乏完善的低碳农业技术的应用推广体系，使得许多绿色技术从研发到实际应用需要经历漫长的等待时间。对此问题，我国应加强政府的引导和示范作用，提高现有的以政府为主导的技术推广体系的效率和涵盖范围，利用多种途径宣传低碳农业技术知识。与此同时，也要积极发挥市场的刺激作用，充分调动低碳农业企业和科研实体的能动性，缩短科研机构和终端技术使用者的市场距离，利用市场手段加快绿色技术从研发到应用的周期。

（四）与绿色农业相匹配的激励和补偿机制的缺失

正如一些学者所指出的，经济效益才是绿色农业发展的原动力，农民只有在经济利益的刺激下才能自觉自愿地采用低碳的生产模式。[①] 然而当前我国还缺乏支撑低碳农业发展的有力的刺激机制，对于因为采用诸如低碳能源的农业器械和低排放化肥等绿色农业运作方式而经济利益受到损失的情况缺乏有效的补偿政策。鉴于低碳农业所带来的环境效用和社会效应并不能内化为农民的自身效益，反而在很多时候会因为采用新技术、新设备而增加农民的生产成本，我国政府对于积极采用低碳耕作技术的农民应该在财政和税收上给予补偿和减免，以鼓励更多的农民积极采用低碳农业生产模式。

三　国际立法经验借鉴

我国无论在低碳农业的发展上还是在立法方面都还没有积累足够的经验，我们需要积极借鉴外国在低碳农业的法规和政策上的先进做法，在结合我国国情的基础上探索我国低碳农业的法治道路。具体来讲，本章将分别研究澳大利亚、德国和美国的低碳农业立法和执法经验，这些国家在低碳农业的发展方式和相应的立法上有不同的侧重点，探讨这些国家的先进经验对我国的低碳农业立法有重要的借鉴作用。

（一）澳大利亚的低碳农业倡议法案

澳大利亚在利用碳金融手段来促进低碳农业的发展方面走在了世界的前列。它在 2011 年通过了低碳农业倡议法案 "Carbon Farming Initiative (CFI) Bill"，这一法案允许农民和农田管理者通过碳汇和减少农田的温室气体排放来获取碳排放额度，然后这些碳排放额度可以在澳大利亚碳交

---

① 张新民：《中国低碳农业的现状、挑战与发展对策》，《生态经济》2012 年第 10 期。

易市场上出卖，为农民带来直接的经济收益。① 低碳农业倡议法案的碳排放交易机制是澳大利亚碳交易市场机制的有机组成部分，是澳大利益通过碳金融手段引导农民自愿采用低碳减排的农业生产模式的有益尝试，对于我国有非常重要的借鉴意义。

CFI 是自愿的减排机制，农民和农场主可以自愿选择是否加入，它为农业生产者提供了方便进入澳大利亚国内和国际碳交易市场的平台，为环境保护和温室气体减排提供了有力的刺激投资机制。② 农业的温室气体排放占澳大利亚碳排放总量的 18%，一个不断变暖而且极为不稳定的气候对澳大利亚的农业和粮食生产带来非常严重的威胁，通过发挥农业的碳储存效应、降低农业本身的碳排放，低碳农业的模式可以成为澳大利益应对气候变化的有效的解决途径。CFI 是澳大利亚政府降低大气中温室气体含量，是澳大利亚平稳实现"清洁能源未来"（Clean Energy Future）计划的一个重要组成部分。在推进全国低碳减排的过程中，澳大利亚政府尽最大努力减少对农业等容易受冲击行业的经济不利影响，不但法律上规定农民免于支付由牲畜、土壤和化肥使用等引起的温室气体排放费用或称之为碳价，还通过 CFI 赋予农业从事者参与到碳排放权交易市场的权利。与此同时，澳大利亚政府还把大量的碳金融收入以碳基金的形式投入到农业中，来资助各种低碳农业项目包括推进绿色农业研发项目、促进农业碳汇项目、帮助农民参与 CFI 项目和提高农民低碳农业技能和知识的项目。

具体来说，按照低碳农业倡议法案的规定，农民可以从以下农业减排活动中获得碳排放额度：1. 降低牲畜碳排放；2. 提高化肥的使用效率；3. 提高耕田中的碳存储；4. 通过增加农田的植被和树林覆盖来实现碳汇效应。这些减排活动可以分为两类，一种是通过在耕地中或农作物中储存碳，另一种是直接减少温室气体排放。和其他碳排放权交易机制项目一样，要想获得碳信用额，CFI 项目需要带来额外的温室气体减排量，也就

---

① 低碳农业倡议法案的具体内容参见澳大利亚政府的工业、创新、气候变化、科学、研究和高等教育部（Department of Industry, Innovation, Climate Change, Science, Research and Tertiary Education）的官方网站：http：//www. climatechange. gov. au/reducing – carbon/carbon – farming – initiative。

② Carbon farming initiative bills passed；now to get ready for them, 2011 年 8 月 24 日。http：//www. claytonutz. com/publications/news/201108/24/carbon_ farming_ initiative_ bills_ passed_ now_ to_ get_ ready_ for_ them. page.

是要满足"额外性"标准。另外 CFI 项目还要满足"持续性减排效益"标准，才能被颁发碳信用额，"持续性减排效益"指的是这些低碳农业减排活动要能给环境带来持久的温室气体减排或是能永久性地把碳固存在土壤和作物中。CFI 的这两大严格标准保证了碳信用额的市场价值，这些法则使得碳市场的购买者能够相信他们所买的碳排放额代表真实和持久的温室气体减排量。

（二）德国的生态农业法

在欧盟的《欧盟生态农业条例》的基础上，[①] 2003 年德国制定了本国的《生态农业法》（*Organic Farming Act*），并在 2009 年对该法案进行了修订以反映欧盟修订过的《欧盟生态农业条例》的最新规定。[②] 生态农业是高度保护自然资源的环境友好型运作模式，充分体现了可持续发展和人与自然和谐共处的原则。与传统的农业生产模式相比，生态农业可以带来多重的环境效益、经济效益和社会效益，倡导发展生态农业是德国应对气候变化和保护农业生态环境的有效方法，非常值得中国学习借鉴。

事实上，政府间气候变化专门委员会强烈建议各国在农业生产中采用生态农场所实行的可持续的耕作方式（sustainable cropping systems）。研究表明生态农业的耕作方式比传统农业模式能减少 48%—66% 的温室气体排放，这主要是因为一方面生态土壤中含有大量的生态物质，使得土壤可以吸收和转化大量的碳，实现碳固存效应；另一方面，生态农场由于使用

---

① 1991 年欧盟颁布了旨在指导、规范欧盟地区生态农业发展的《生态农业条例》，即 Regulation（EEC）No. 2092/91 on organic farming and the corresponding labeling of agricultural products and foods，这一法案也是欧盟各国生态农业立法的参照和准绳，各成员国立法都不得违背欧盟生态农业法的原则和规定。2007 年欧盟对该法律进行了修订，实施了新的生态农业条例，即 Council Regulation（EC）No. 834/2007 of 28 June 2007 on organic production and labeling of organic products。除了生态农业条例这个基本法（Basic Regulation）外，欧盟还颁布了两个专门性的法规，即 Commission Regulation（EC）No. 889/2008 of 5 September 2008 with detailed rules on production, labeling and control 和 Commission Regulation（EC）No. 1235/2008 of 8 December 2008 with detailed rules concerning import of organic products from third countries，欧盟完善的生态农业法体系为欧盟的绿色农业发展奠定了良好的法治环境。关于欧盟生态农业法的详细规定内容，参见欧盟委员会的农业法规官方网站：http://ec.europa.eu/agriculture/organic/eu-policy/legislation_en。

② 朱文玉：《我国生态农业发展之法律保障略论》，《北方论丛》2008 年第 6 期。

较少的氮，而大大减少了二氧化氮在空气中的排放，鉴于目前全球 65%到 80% 的二氧化氮排放是农业引起的，这样的氮减排效应非常令人鼓舞。[①]

德国的生态农业法旨在通过多种途径来减少农业的温室气体排放量。具体来说，针对化肥使用，《德国生态农业法》的规定，生态农场不得使用易溶解的矿物质化肥（soluble mineral fertilizers），而是采用缓慢释放的天然的肥料，特别是以动物粪便为主的生态固氮肥料，并且通过种植能固化氮肥的作物来实现绿肥效应（green manuring）。[②] 这一法律规定能有效减少传统农业运作中因化肥的施用而带来的大量的二氧化氮排放。针对农药的施用，法案规定农作物不得使用合成的化学农药，通过科学的轮耕来培育更易抵抗虫害的农作物品种，倡导使用利于植物生长和抵抗虫害的有益生物，采用例如锄地和火焰除草等机械除草方式。这样的法律规定能有效遏制农药的过量使用，减少因农药使用而带来的碳排放，并且能够增强农作物和土壤的碳汇能力。德国生态农业法还规定禁止对农作物施用化学的生长调节剂，倡导通过土壤的腐殖质管理（humus management）来提高土壤地力，这些规定有利于实现德国农业的可持续发展。

在法律的执行上，德国的做法也非常值得学习。它的生态农业法案明确规定执行机构的法律责任，比如法案指出联邦政府可以向地方的检验机构授权开展对当地生态农业活动的检验，并要求检验机构一旦发现任何违反生态农业法的违规操作和不法行为，必须要及时向政府主管机构报告。另外一个值得借鉴的做法是，德国政府在生态农业的管理和执法过程中坚持信息公开透明和公众参与的原则，法案规定每个检验机构都必须在网上公开它所负责检验的生态农场和生态农业企业的情况，以便于消费者和企业查询。检验机构不但被要求向政府主管机构提供必要的信息，也被要求向其他的检验机构分享信息。德国生态农业法案信息公开的举措有利于加强公众对绿色农业从业人员的监督，有利于赢得德国社会对可持续农业的

① Morgera E, Caro C B, and Duran G M, Organic Agriculture and the Law, Food and Agriculture Organization of the United Nations Report, 2012.

② 参见德国联邦政府的食物、农业和消费者保护部官方网站：http://www.bmelv.de/SharedDocs/Standartikel/EN/Agriculture/OrganicFarming/OrganicFarmingInGermany.html#doc381512bodyText4。

支持，提高民众对环境友好型农业的认识，从根本上有利于生态农业法案的有效执行。同时生态农业法案还详细列出了明确的惩罚措施以真正做到执法必严、违法必究，法案规定一旦违反生态农业法将要受到监禁一年或是最高3万欧元罚金的惩处，这样的惩罚规定也适用于在非生态农产品的包装和广告中使用生态农业标签的欺骗行为。①

（三）美国的低碳农业立法

美国目前还没有专门的低碳农业法，但是它通过一系列专门性法规来推进低碳农业在美国的发展。特别是美国详尽的农药法案，能有效遏制因农药过量和不科学使用所带来的温室气体排放和环境污染，这对于我国这样一个过量使用农药而严重威胁农业生态环境的国家尤其具有重要的理论和现实借鉴意义。美国主要通过两大法案来从法律上控制农药的过量使用，引导农民科学地使用农药，即《联邦杀虫剂、杀菌剂和杀鼠剂法案》（*The Federal Insecticide, Fungicide, and Rodenticide Act*, FIFRA）和《联邦食品、药物和化妆品法案》（*The Federal Food, Drug, and Cosmetic Act*, FFDCA）。其中，FFDCA 法案授权美国环境保护署（Environmental Protection Agency, EPA）设定食品和动物饲料中所能允许的最高农药残余量（maximum residue levels），尤其强调对婴儿和儿童食品设立较高的标准来保障食品安全。

FIFRA 最早是在1947年通过的，在1972年美国对这一法案进行了大幅度的修改，并且颁布了《联邦环境保护农药控制法案》（*the Federal Environmental Pesticide Control Act*, FEPCA），旨在从环保角度加强对农药使用的法律规范。FIFRA 授权 EPA 规范农药的生产、销售、流通和使用以保护人类健康和保护环境。按照法律规定，美国境内生产和使用的所有农药都必须经过 EPA 的注册（registration），注册可以确保农药产品采用正确的包装，② 而且确保所批准的农药不会对环境带来损害。一旦发现某个被注册的农药产品对人类健康或是环境有不利影响，EPA 还可以取消对该农药的注册。作为法律授权的执行机构，凡是使用禁用农药或是未注册

① 参见德国联邦政府的食物、农业和消费者保护部官方网站：http://www.bmelv.de/SharedDocs/Standardartikel/EN/Agriculture/OrganicFarming/OrganicFarmingInGermany. html#doc381512bodyText4。

② 法案要求在农药的包装上要标明安全注意事项、使用方法和农药的使用频率等相关信息。

的农药的不法行为，EPA 有权追究其法律责任。① 美国的农药法案从法律上严禁农药的过量使用和不科学使用，这从农药源头遏制农药的不科学使用所引起的碳排放。

　　美国另外一个有效促进低碳农业发展的法案是《清洁空气法案》（Clean Air Act，CAA），《清洁空气法案》以及它的修正案旨在提高空气质量以保护公众健康和增强社会福利。② 法案由六个章节构成，被称为 Title，它授权 EPA 为环境空气质量制定国家标准并且赋予 EPA 和各个州多种机制来执行、实施这些标准。按照 CAA 的要求，许多设施第一次向空气排放前需要获得许可（permit）。法案非常重视联邦政府和地方政府的配合，在执行上，州和地区政府被要求监督、管理和实施 CAA 制定的标准。针对农业的空气排放，CAA 的第 110 条规定，每个州必须制订一个州执行计划（State Implementation Plan，SIP）来找出空气污染源头并且决定采取什么样的措施来减少温室气体和污染气体排放以达到联邦政府的空气标准。这种强调中央和地方相配合来确保法律有效执行的做法，非常值得中国学习借鉴。法案的另外一个值得学习的地方是，在不同的地区采用不同的标准，以兼顾地区间差异。州执行计划所规定的农耕行为被允许的温室气体排放量（比如农业燃料释放的温室气体排放量）在不同地区有不同的标准。对于那些按照国家空气质量标准被划分为非达标区 "nonattainment areas" 的地方，气体排放的限制则更多。

四　我国低碳农业立法初探

（一）法律框架结构设想

　　为了更好地适应低碳减排要求，考虑到绿色农业法律法规的性质、适用范围及效力的不同，我国的低碳农业法律体系框架应该是多层次的。第一个层次是低碳农业的核心法或是基本法，地位相当于低碳农业的小宪法，其内容规定低碳农业发展的基本原则和法律要素。第二个层次是针对低碳农业发展的某个具体领域的专门性法规，是在遵照核心法基本原则的基础上的对某个专门性问题的详细规范。第三个层次是为了便于基本法和

---

① 《联邦杀虫剂、杀菌剂和杀鼠剂法案》（FIFRA）的英文原文可参见美国环境保护署的农业法规官方网站：http：//www. epa. gov/agriculture/lfra. html。

② 《清洁空气法案》（CAA）可参见美国环境保护署的官方网站：http：//www. epa. gov/agriculture/lcaa. html。

专门法施行而制定的部门性的规章，虽然法律地位不如基本法和专门法，但是却有利于确保低碳农业法的依法执行。第四个层次是地方政府出台的为了配合中央基本法和专门法而颁布的地方性法规，这些法规在遵照"中央法"的基础上，体现了地方农业发展的特点。

（二）立法原则

我国的低碳农业立法中应该贯彻以下原则，并且根据这些原则制定详细的条款，用有效的法律手段来规范和引导我国的绿色农业发展。

1. 可持续发展原则

我国低碳农业法始终要坚持可持续发展的原则，在农药、化肥和能源使用等方面都要积极倡导低排放、低消耗和低污染，在注重确保粮食生产安全的同时，要实现与自然环境的和谐统一，实现农业的可持续发展。可持续发展原则强调农业发展不能超过自然环境的承载能力，农业资源既要满足当代人的需求还要满足子孙后代的农业发展要求。[①] 具体来说，法规应该明确规定农业从业人员要采取科学的务农方式，多采用生态肥料，严禁化肥、农药的过量使用，对于高碳排放的化肥和农药要禁止使用，要求使用可再生能源和低能源消耗的农业生产工具，从多个源头控制农业的温室气体排放，实现农业生态效益和经济效益的双丰收。

2. 行政手段与市场机制相结合原则

我国在低碳农业立法中应该改变过去我国环境法规主要依赖行政手段而执行不力的情况，积极引入市场机制，通过市场手段来刺激绿色农业的发展。在这点上，我国应该向澳大利亚等国学习，将碳排放权交易机制引入低碳农业发展中，通过碳金融手段刺激农民主动自愿地进行减排。在立法上，我国需要为农业生产者提供方便参与国内和国际碳交易市场的平台，允许农民通过将农业减排获得的碳排放权信用额在碳交易市场出售来获得经济利益。

3. 奖罚分明原则

低碳农业法要想取得好的实施效果就需要坚持奖罚分明的原则，鉴于农民采取低碳农业的生产方式可能会在短期内增加其生产成本，我国政府需要在财政政策上对采取绿色农业耕作模式的从业人员进行税收减免和财政补贴等补偿政策，使农民切实感到开展低碳农业生产有"利"可图。

---

① 艾衍辉：《农业法基本原则探讨》，《江西农业大学学报》2004 年第 2 期。

同时随着低碳农业在我国的逐步发展，到一定阶段我国也可以向欧美国家学习，根据各地的实际情况和我国农业减排的总目标，考虑制定各地区的强制性农业减排目标。对于不能完成减排目标的地区可以采取税收和财政上的惩罚措施，比如征收绿色农业税。当然考虑到农业稳定生产对我国的经济发展的关键作用，强制减排目标的措施需要逐步推行，并且由"松"及"严"，循序渐进。

4. 科教兴农原则

要实现从传统农业到低碳农业生产模式的根本转变，单靠政府的财政投入是不够的，还需要现代科技的支撑，实行"科教兴农"。一方面，我国要加强低碳农业技术的研发，在化肥使用、农药使用、农业工具的节能、科学耕种和农业生产废物循环利用等多方面研发绿色农业技术，为低碳农业发展奠定坚实的现代科技基础。另一方面，我国亟须改变当前农村技术推广体系薄弱、农业从业者科技知识水平不高的现状。政府需要利用多种途径加强低碳农业的知识普及，加强政府的引导和示范作用，提高现有的以政府为主导的技术推广体系的效率和涵盖范围。

5. 循序渐进原则

鉴于粮食产品安全对于我国国计民生的关键作用，为了减少低碳减排措施对农业这个易受冲击行业的不利经济影响，我国在低碳农业的立法和执行上都要始终贯彻循序渐进的原则，给农业从业人员和农业管理机构足够的时间来适应低碳农业法规的要求，平稳实现生产模式的逐步改变。在法律规定上，现阶段我国还是应以鼓励、刺激措施为主，利用财政和市场手段引导农民自愿采取低碳农业的生产方式；等到我国低碳农业发展到一定阶段后可以在立法上规定一些更为严格的强制性减排要求，比如农业温室气体排放限量指标等。在法律的实施上，我国可以先在一些农业科技水平基础较高，绿色农业已经有一定发展的地区开展试点，然后在积累试行经验的基础上，正式在全国实施低碳农业法。

6. 公开透明原则

公开透明是另一个需要遵循的原则，我国应该学习德国政府在《生态农业法案》的立法和执法过程中坚持信息公开透明和公众参与的做法。我国的低碳农业法执行机构应该被要求在网站上公开我国低碳农业的发展情况以及执行机构的执法情况，在网上公开注册的绿色农场和低碳农业企业的信息，以便于公众查询和监督。低碳农业信息公开的法律规定有利于加强公众对绿色农业从业人员的监督，有利于赢得整个社会对低碳农业的支持，提高民众对环境友好型农业的认识，从根本上有利于低碳农业法的顺利实施。

7. 中央与地方相协调原则

我国的低碳农业法在设置上要向美国的《清洁空气法案》学习，积极发挥中央与地方的协调配合，以确保法律真正能执行下去。鉴于各地的情况有所不同，地方政府需要依照中央低碳农业法的精神和要求，结合地方特点颁布地方性的法规和政策来推动当地的低碳农业发展。同时，地方的低碳农业执行和管理机构也应该按照中央法规的要求制订适合当地农业发展要求的农业减排计划。

8. 国际合作原则

欧美等国在低碳农业的发展上比我国起步早，积累了许多先进经验，无论在低碳农业的技术研发和推广上，还是生态农村的管理上都有很多地方非常值得我国学习借鉴。所以我国的低碳农业法应该充分体现国际合作的精神，鼓励搭建国际合作的平台，积极引进国外先进的绿色农业技术和生态农业管理经验，结合我国的国情以洋为中用，探讨有中国特色的低碳农业的发展道路。

（三）法律要素

1. 法律主体、客体和管理执行机构

低碳农业法的法律主体是指参与农业生产活动，享受权利并承担相应义务和法律责任的组织和个人，包括农民、农产品生产企业、农药和化肥生产企业以及农业工具生产企业等与农业生产活动密切相关的企业和个人。法律客体是法律主体之间权利义务所指向的对象，在低碳农业法的语境下指的是低碳农业本身，具体包含土壤、农作物和温室气体排放等要素。

在中国，低碳农业的管理机构可以设置为农业部，或是在农业部下属建立的专门性的低碳农业管理机构。低碳农业法的执行机构是法律的实施机构，负责保证法律的顺利执行。在执行机构的设置上，我国可以向欧美等国学习，在中央和地方都设置法律执行机构。中央的执行机构可以仍然设置为农业部或是农业部下属的专门性机构，在地方层面上，可以设置专门的法律执行机构来确保该地区的低碳农业法规能被严格执行，地方的执行机构需要向地方政府和中央的管理、执行机构及时汇报该地区的绿色农业发展情况以及是否有任何违反法规的行为，同时所有的信息也应该在网络上公开，以方便公众查询和监督。

2. 低碳农业的化肥使用

低碳农业法需要从农业生产的多个源头来减少碳排放和鼓励生态农业的管理方式。鉴于化肥是农业碳排放的主要来源之一，在我国的低碳农业立法中应该设立专门条款来禁止化学肥料的过量使用，鼓励使用缓慢释放的天然的肥料，特别是以动物粪便为主的生态固氮肥料，法规应该明确要求农业从业人员采用科学的施肥方法来减少不必要的碳排放。为了加强对我国化肥市场的管理，低碳农业法应该规定所有在国内使用的化肥都要首先在低碳农业管理部门注册，只有通过业内审核达到标准的化肥才能被注册和使用，凡是使用未被注册化肥的农业从事者或是销售未被注册化肥的企业都将被追究法律责任。鉴于有机肥料和生态肥料的成本更高，低碳农业法应该对使用绿色农业肥料的农民给予化肥补偿，同时地方政府需要加强对低碳肥料的宣传和知识普及，使农民掌握低碳肥料的使用方法以及如何科学施肥才能"以最小的投资换来高的经济回报"。

3. 低碳农业的农药使用

农药是另外一个农业碳排放的来源，中国农村普遍存在过量使用农药的问题，给农业生态环境和大气带来严重污染，规范农业的农药使用、减少农药引起的碳排放是我国低碳农业立法中另一个亟待解决的问题。美国的《联邦杀虫剂、杀菌剂和杀鼠剂法案》为我国低碳农业法关于农药的相关立法提供了许多好的经验。首先我国也应建立起一套农药登记体系，由农业部或农业部下属的专门机构负责，所有市面上出售的农药都要首先在相关部门登记，只有低碳排放、对环境不会造成污染隐患和产品安全的农药才能获得批准，才能在市场上出售、流通和使用，对于任何生产、出售和使用未被登记批准销售的农药的企业和个人，低碳农业法都要追究相关的法律责任并实施相应的惩罚措施。

除此之外，法规还应鼓励农民采用低排放的农药，倡导使用利于植物生长和抵抗虫害的有益生物，通过科学的耕作方式来提高土壤地力，积极培育抗虫害能力高的农作物。考虑到采用低排放农药和生态农业的耕作方式会增加农民的成本，与农药使用的相关法规一样，政府应给予农民低碳农药财政补助，并且要求地方政府加大对农药科普知识的宣传，指导农民科学使用农药。

4. 低碳农业的能源使用

实证研究和文献回顾表明农业工具使用是另一个主要的直接碳排放来源，我国需要在立法中加以规范来减少因农具的能源使用而引起的碳排放。为了促进农业从以传统的化石资源为基础转换为以可再生能源为基础，低碳农业法应该积极鼓励农业从事者使用以清洁能源和可再生能源为动力的农具和交通工具，促进薪材节能灶、沼气和太阳能等新能源农业设施和工具的推广。在财政上，政府应该对采用低碳排放农具和设施的农民进行财政补助，对使用新能源和清洁能源的农业从事者实行税收减免政策，来弥补他们因为使用低排放农具而增加的生产成本。

考虑到目前大多数农民还缺乏节能的意识，法规应该要求各级地方政府加强宣传力度，来提高农民的认识和知识，使他们知道在农业生产中使用可持续能源的必要性和好处，公共服务机构应当向农民传播有关信息和技术，培训他们如何使用以清洁能源、可再生能源为动力的农业机械。低碳农业法还应提供方便农民自愿参加碳排放权交易市场的平台，鼓励他们通过节能减排获得碳排放信用额在碳交易市场获取经济回报。

5. 加强土壤碳汇效应的法律措施

在低碳减排上，农业与其他行业的最大不同就是，发展低碳农业不但可以减少农业生产本身引起的碳排放，而且有效的农业管理方法还可以使农业变成碳汇来帮助吸收大气中的碳排放，[①] 这样低碳农业就成为人类应对气候变化的一个有效解决途径。要加强农业的碳汇效应，法律上要明确规定农业从事者对土壤这一天然碳汇进行科学耕种，来提高土壤的碳固存能力，倡导使用有机农业的农田耕作方式包括免耕耕种（no-till farming）、残庄覆盖（residue mulching）、覆盖耕种（cover cropping）和轮耕（crop rotation）等方式。

在具体的法律规定上，一方面，我国政府有责任加强农业碳汇和碳固存效应知识的宣传和培训，使农民意识到科学的农耕方式不但可以增加农田的碳吸收能力，还可以增加土壤地力、提高农作物产量、防止土壤沙化，是一个既有环保效益又有经济效益的双赢运作模式。另一方面，低碳农业法要明确规定对于采用有机农业耕作方式的农民给予财政补贴和税收减免，对于非法侵占农田、对农田进行掠夺式耕种的个人和组织要追究法

---

① 李艳芳：《论中国应对气候变化法律体系的建立》，《中国政法大学学报》2010 年第 6 期。

律责任并进行严厉处罚。同时，低碳农业法要明确规定政府农业财政收入的一部分要作为碳汇基金投入到低碳农业的碳汇项目中，并且通过清洁发展机制项目等碳金融手段吸引私营部门的投资，加大对绿色农业的资金和技术投入，提高农田的碳固存能力。

第五节　结语

2013 年 6 月联合国粮农组织（FAO）和经合组织（OECD）联合发布的《经合组织 粮农组织 2013—2022 年农业展望集锦》报告指出："在经济快速增长和资源有限的制约下，中国的粮食供应是一项艰巨的任务。"这再次提醒我们，中国的粮食安全隐患仍然是我国面临的一个严重问题，不断恶化的农业生态环境更是加重了我国的粮食安全危机。如何一方面完成"养活中国"这一关系国计民生的艰巨任务，又同时减少农业这一高排放产业的碳排放量，无疑成为一个难题，而作为兼顾农业发展和应对气候变化减排要求的低碳农业发展模式则提供了最好的答案。

中国农业的碳排放不断增长的事实，表明中国进行低碳化的农业发展道路已经刻不容缓。虽然低碳农业是适应我国农业生产需要和保护我国农村生态环境的最佳发展道路，但是低碳农业在我国的发展还相对滞后，其中一个重要的原因就是我国缺乏支撑低碳农业发展的法制基础。为了改变我国当前低碳农业发展无法可依的被动局面，本章在借鉴澳大利亚、德国和美国的低碳农业立法经验的基础上，对我国如何建立专门的低碳农业法进行了初步探讨，并基于低碳农业的实证研究成果和对国内外文献的总结概括，对我国低碳农业立法的基本原则和法律要素进行了初步设想，希望能对我国的低碳农业立法提供有益建议。

参考文献

一 中文文献

1. 秦天宝：《国际环境法基本原则初探》，《法学》2001 年第 10 期。

2. 那力、王彦志、王小钢译：《国际法与环境》，高等教育出版社 2007 年版。

3. UNFCCC 网页：http：//unfccc. int/kyoto_ protocol/mechanisms/clean_ development_ mechanism/items/2718. php，最后访问日期：2013 年 6 月 1 日。

4. 刘丽娜：《完善我国清洁能源发展机制的法律对策》，《甘肃社会科学》2012 年第 2 期。

5. 张珺、牛娇旭：《清节发展机制前景预测及中国的对策》，《未来与发展》2011 年第 11 期。

6. 肖慈方、王洪雅：《中国对清洁发展机制（CDM）的低效利用与对策分析》，《西南民族大学学报》2009 年第 8 期。

7. 刘航、杨树旺和唐诗：《中国清洁发展机制：主体、阶段、问题及对策》，《经济论坛》2013 年第 2 期。

8. 林黎：《我国清洁发展机制的现状及问题》，《城市发展研究》2010 年第 2 期。

9. 黄小迪：《对我国清洁发展机制实施的反思与应对后京都时代的建议》，《中山大学研究生学刊》2009 年第 2 期。

10. 田丹宇：《清洁发展机制法律风险规制研究》，《江苏大学学报》2013 年第 1 期。

11. 谢舟：《清洁发展机制的地方法律政策支持》，《法治观点》2012 年 9 月。

12. 杨越：《中国清洁发展机制法律制度探讨》，《生态环境学报》2011 年第 20 期。

13. 赵学清、陈冠伶：《CDM 交易主体的法律问题初探》，《河北法学》2011 年第 10 期。

14. 刘航、杨树旺、唐诗：《中国清洁发展机制：主体、阶段、问题及对策》，《经济论坛》2013 年第 2 期。

15. 陈冠伶：《中国 CDM 交易制度的法律问题及应对措施》，《社科纵横》2012 年第 2 期。

16. 冷罗生：《CDM 项目值得注意的几个法律问题》，《中国地质大学学报》2009 年第 4 期。

17. 张永宁、辛翠平：《我国清洁发展机制项目实施中的政府责任研究》，《山东行政学院学报》2012 年第 2 期。

18. 史玉成、杨睿：《清洁发展机制中政府环境责任的完善》，《西部法学评论》2012 年第 5 期。

19. 陈娟丽、许鸣：《"后京都时代"清洁发展机制项目减排量购买协议的法律风险》，《生态经济》2011 年第 12 期。

20. 李传轩：《应对气候变化的碳税立法框架研究》，《法学杂志》2010 年第 6 期。

21. 财政部财政科学研究所课题组：《中国开征碳税问题研究》，中国可持续能源项目，2009 年 9 月。

22. 马海涛、白彦锋：《我国征收碳税的政策效应与税制设计》，《环境与税收》2010 年第 9 期。

23. 苏明等：《我国开征碳税问题研究》，《经济研究参考》2009 年第 72 期。

24. 谈尧：《中国实行碳税政策的利弊分析》，《财政监督》2009 年第 12 期。

25. 薛钢：《关于碳税设计中的此有选择研究》，《中国人口、资源与环境》2009 年第 12 期。

26. 苏明等：《再说碳税》，《环境经济》2011 年第 4 期。

27. 晏琴：《法国碳税"胎死腹中"之鉴》，《经济研究参考》2010 年第 48 期。

28. 王岩、张建超：《国外碳税研究文献综述》，《广东社会科学》2011 年第 1 期。

29. 夏璐：《浅议"后哥本哈根时代"中国碳税之路》，《公安法治研究》2010 年 4 月刊。

30. 常纪文、龚峋、赵嘉辰：《中外法律专家民间环保组织热议气候变化立法》，中国法学网，http：//www. iolaw. org. cn/showArticle. asp? id = 3178。

31. 李传轩：《应对气候变化的碳税立法框架研究》，《法学杂志》2010 年第 6 期。

32. 王淳：《国外碳税政策体系及基本经验》，《宏观经济管理》2010 年第 11 期。

33. 财政部财政科学研究所课题组：《基于国际协调视角的我国碳税制度构建》，《税务研究》2011 年第 308 期。

34. 苏明等：《碳税的国际经验与借鉴》，《经济研究参考》2009 年第 72 期。

35. 常纪文：《我国环境友好型社会文化的法制建设问题》，《中国地质大学学报》2006 年第 6 卷第 3 期。

36. 傅强、李涛：《我国建立碳排放权交易市场的国际借鉴及路径选择》，《中国科技论坛》2010 年第 9 期。

37. 刘婧：《国际碳排放权交易市场对我国的影响及启示》，《环境经济》2010 年 6 月总第 78 期。

38. 李挚萍、程凌香：《碳交易立法的基本领域探讨》，《江苏大学学报》2012 年第 3 期。

39. 郑勇：《对我国面临碳金融及其定价权缺失的思考》，《科技进步与对策》2010 年第 22 期。

40. 《中国经济时报》，http：//www. weather. com. cn/climate/qhbhyw/06/1377633. shtml，最后访问时间：2013 年 5 月 6 日。

41. 赵黎明、张涵：《我国碳排放权交易市场风险管理问题探析》，《流通经济》2010 年第 41 期。

42. 董岩：《美国碳交易价格规制的立法进展及其借鉴》，中央高校基本科研业务费专项基金资助项目的阶段性成果。

43. 邹亚生、孙佳：《论我国的碳排放权交易市场机制选择》，《国际贸易问题》2011 年第 7 期。

44. 冷罗生：《构建中国碳排放权交易机制的法律政策思考》，《中国地质大学学报》2010 年第 2 期。

45. 于华鹏：《骆建华建议拟定〈清洁空气法〉违规排污入刑》，《经济观察报》2013 年 4 月 7 日，文章网上来源：http：//news. ifeng. com/shendu/jjgcb/detail_ 2013_ 04/07/23937687_ 0. shtml，最后访问日期：2013 年 5 月 6 日。

46. 傅强、李涛：《我国建立碳排放权交易市场的国际借鉴及路径选择》，《中国科技论坛》2010 年第 9 期。

47. 周文波、陈燕：《论我国碳排放权交易市场的现状、问题与对策》，《江西财经大学学报》2011 年第 3 期。

48. 李建勋：《欧盟碳排放权交易机制及其修订对中国的启示》，《生态环境》2010 年第 10 期。

49. 杨晓青、巩曰龙：《德国低碳循环经济的法制保障对我国的启示》，《学术交流》2011 年第 5 期。

50. 彭本利、李挚萍：《碳交易主体法律制度研究》，《中国政法大学学报》2012 年第 2 期。

51. 冷罗生：《构建中国碳排放权交易机制的法律政策思考》，《中国地质大学学报》2010 年第 2 期。

52. 白洋：《论我国碳排放权交易机制的法律构建》，《河南师范大学学报》2010 年第 1 期。

53. 刘小川、汪曾涛：《二氧化碳减排政策比较以及我国的优化选择》，《上海财经大学学报》2009 年第 4 期。

54. 王铮、郑一萍：《全球变化对中国粮食安全的影响分析》，《地理研究》2001 年第 20 期。

55. 王耀兴、安炜姣：《中国发展低碳农业的法律构建研究》，《中国农村小康科技》2010 年第 6 期。

56. 朱丽娟、刘青：《气候变化背景下美国发展低碳农业的经验借鉴》，《世界农业》2012 年第 8 期。

57. 张新民：《中国低碳农业的现状、挑战与发展对策》，《生态经济》2012 年第 10 期。

58. 朱文玉：《我国生态农业发展之法律保障略论》，《北方论丛》2008 年第 6 期。

59. 德国联邦政府的食物、农业和消费者保护部官方网站（Ministry of

Food, Agriculture and Consumer Protection), http: //www. bmelv. de/SharedDocs/Standardartikel/EN/Agriculture/OrganicFarming/OrganicFarmingInGermany. html#doc381512bodyText4。

60. 关于《联邦杀虫剂、杀菌剂和杀鼠剂法案》（FIFRA）的英文原文，参见美国环境保护署的农业法规官方网站，http: //www. epa. gov/agriculture/lfra. html。

61.《清洁空气法案》（CAA）的英文的法律规定参见美国环境保护署的官方网站，http: //www. epa. gov/agriculture/lcaa. html。

62. 艾衍辉：《农业法基本原则探讨》，《江西农业大学学报》2004 年第 2 期。

63. 李艳芳：《论中国应对气候变化法律体系的建立》，《中国政法大学学报》2010 年第 6 期。

64.《经济合作与发展组织和联合国粮食及农业组织报告》，2013 年，罗马。

二 英文文献

1. Intergovernmental Panel on Climate Change (IPCC), "Summary for Policymakers", in IPCC, *Climate Change 2007*: *The Physical Science Basis*. Contribution of Working Group I to the Fourth Assessment Report of the Intergovernmental Panel on Climate Change. Cambridge University Press, 2007.

2. Starvins R. N. , The problem of the commons: still unsettled after 100 years, *American Economic Review* 101, 2011.

3. Meron T. , The Martens Clause, Principles of Humanity, and Dictates of Public Conscience, *The American Journal of International Law*, 2000.

4. Sands P. , *Principles of International Environmental Law*, Cambridge University Press, 2003.

5. World Commission on Environment and Development, *Our Common Future.*, Oxford University Press, 1987.

6. Kurukulasuriya L. and N. A. Robinson. UNEP Training Manual on International Environmental Law, UNEP Report.

7. World Trade Report (2010).

8. Bradbrook A. , Lyster R. & Ottinger R. , *The Law of Energy for Sustainable*

Development, Cambridge University Press, 2005.

9. Koch, Hans-Joachim, Climate Change Law: Instruments and Structures of a New Area of Law, *Journal for European Environmental & Planning Law*, 2010.

10. Dernbach, J. C., Climate Change Law: An Introduction. *Energy Law Journal* (29), 2008.

11. Stripple J. &Falaleeva M. (2008). *CDM Post – 2012: Practices, Possibilities, Politics*, Lund University Adam Project Workshop Report.

12. Bodansky D., *The Art and Craft of International Environmental Law*, Harvard University Press, 2009.

13. Keohane R. & Victor D., The Regime Complex for Climate Change, *Perspectives on Politics* (9), 2011.

14. Ranson M. & Stavins R., A Post-Durban Climate Policy Architecture Based on Linkage of Cap-and-Trade Systes, *Chicago Journal of International Law* (13), 2013.

15. Blanford G. J., Richels R. G. & Rutherford T. F., *Revised Emissions Growth Projections for China: Why Post-Kyoto Climate Policy Must Look East*, Harvard Project on International Climate Agreements Discussion Paper 08 – 06, 2008.

16. Victor D. G., *The collapse of the Kyoto Protocol and the Struggle to Slow Global Warming*, Princeton University Press, 2001.

17. Newell R. G., *International Climate Technology Strategies*, The Harvard Project on International Climate Agreements Discussion Paper 08 – 12, 2008.

18. Barrett S., *A Portfolio System of Climate Treaties.* The Harvard Project on International Climate Agreements Discussion Paper 08 – 13, 2008.

19. Aldy J. E. & Stavins, R. N., *Architectures for Agreement: Addressing Global Climate Change in the Post-Kyoto World*, Cambridge University Press, 2007.

20. Aldy J. E. & Stavins R. N., *Post-Kyoto International Climate Policy: Implementing Architectures for Agreement*, Cambridge University Press, 2010.

21. Karp L. S. & Zhao, J., *A Proposal for the Design of the Successor to the*

Kyoto Protocol, The Harvard Project on International Climate Agreements Discussion Paper 08 – 03, 2008.

22. Aldy J. E. , Barrett, S. & Stavins R. N. , 13 + 1: *A Comparison of Global Climate Change Policy Architectures*, Resources for the Future report, 2003.

23. Brunner S. , Flachsland C. & Marschinski R. , Credible Commitment in Carbon Policy, *Climate Policy* (12), 2012.

24. Olmstead S. M. & Stavins R. N. , Three Key Elements of a Post – 2012 International Climate Policy Architecture, *Review of Environmental Economics and Policy* (6), 2012.

25. Heitzig J. , Lessmann K. & Zou Y. , Self-enforcing Strategies to Deter Free-riding in the Climate Change Mitigation Game and Other Repeated Public Good Games, *Proceedings of the National Academy of Sciences* (108), 2011.

26. Rajamani L. , *Differential Treatment in International Environmental Law*, Oxford University Press, 2006.

27. Weitzman M. L. , Fat-tailed Uncertainty in the Economics of Catastrophic Climate Change, *Review of Environmental Economics and Policy* (5), 2011.

28. Frankel J. , *Global Environmental Policy and Global Trade Policy*, Harvard Project on International Climate Agreements Discussion, Paper 08 – 14, 2008.

29. Mendelsohn R. , Dinar A. & Williams L. , *The Distributional Impact of Climate Change on Rich and Poor Countries*, Environment and Development Economics (11).

30. Paulsson E. , A review of the CDM literature: From fine-tuning to critical scrutiny? *International Environmental Agreements: Politics, Law and Economics*, 9 (1), 2009.

31. Olmstead S. M. & Stavins, R. N. , An international policy architecture for the post-Kyoto era, *American Economic Review*, 96 (2), 2006.

32. Rosendahl K. E. & Strand J. , Simple model frameworks for explaining inefficiency of the Clean Development Mechanism, World Bank Policy Re-

search Working Paper WPS 4931, 2009.

33. Schneider L. (2007), Is the CDM fulfilling its environmental and sustainable development objectives? An evaluation of the CDM and options for improvement. WWF Report.

34. Sutter analysis of officially registered CDM projects. *Climatic Change*, 84 (1), 75 – 90. C. &Parreño, J. C. , Does the current Clean Development Mechanism (CDM) deliver its sustainable development claim? An analysis of officially registered CDM projects. *Climatic Change*, 84 (1), 2007.

35. Huang Y. & Barker T. , The Clean Development Mechanism and low carbon development: A panel data analysis, *Energy Economics*, 34 (4), 2012.

36. Sutter C. &Parreño J. C. , Does the current Clean Development Mechanism (CDM) deliver its sustainable development claim? An analysis of officially registered CDM projects. *Climatic Change*, 84 (1), 2007.

37. Huang Y. & Barker T. , The Clean Development Mechanism and low carbon development: A panel data analysis, *Energy Economics*, 34 (4), 2012.

38. Ellis J. et al. , CDM: Taking stock and looking forward, *Energy Policy*, 35 (1), 2007.

39. Olsen K. H. , The Clean Development Mechanism's contribution to sustainable development: A review of the literature. *Climatic Change*, 84 (1), 2007.

40. Paulsson E. , A review of the CDM literature: From fine-tuning to critical scrutiny? *International Environmental Agreements: Politics, Law and Economics*, 9 (1), 2009.

41. Olsen K. H. , The Clean Development Mechanism's contribution to sustainable development: A review of the literature. *Climatic Change*, 84 (1), 2007.

42. Sutter C. & Parreño J. C. , Does the current Clean Development Mechanism (CDM) deliver its sustainable development claim? An analysis of officially registered CDM projects. *Climatic Change*, 84 (1), 2007.

43. Subbarao S. & Lloyd B. , 2011, Can the Clean Development Mechanism (CDM) deliver? *Energy Policy*, 39 (3).

44. Austin D. et al. , How Much Sustainable Development Can We Expect from

the Clean Development Mechanism? Washington, D. C.: World Resources Institute, 1999.

45. Olhoff A. et al., CDM: Sustainable development impacts, *The UNEP Risø Centre Poject CD4CDM Report*, 2004.

46. Olsen K. H. & Fenhann, J., Sustainable development benefits of Clean Development Mechanism projects: A new methodology for sustainability assessment based on text analysis of the project design documents submitted for validation, *Energy Policy*, 36 (8), 2008.

47. European Commission. Directive 2003/4/EC on public access to environmental information and repealing Council Directive 90/313/EEC. http: // eurlex. europa. eu/LexUriServ/LexUriServ. do? uri = OJ: L: 2003: 041: 0026: 0032: EN: PDF. 2003 年 1 月 28 日, 引用日期: 2013 年 6 月 5 日。

48. "Carbon tax and emissions trading: how countries compare" (《碳税和碳排放权交易: 国家间的比较》), 2011 年 7 月 10 日, http: //www. guardian. co. uk/environment/2011/jul/10/carbon – tax – emissions – trading – international。

49. Gilbert E. Metcalf, "Cost Containment in Climate Change Policy: Alternative Approaches to Mitigation Price Volatility", *University of Virginia Tax Law Review*, 2009 July.

50. Kruger J, Oates W E & Pizer W A. Decentralization in the EU Emissions Trading Scheme and Lessons from Global Policy, *Review of Environmental Economics and Policy*, 2007, (1): 112 – 133.

51. Ellerman A D, Convery F J & Perthuis C. Pricing Carbon: The European Union Emissions Trading Scheme, *Cambridge*, UK: Cambridge University Press, 2010.

52. Ellerman A D. The Shifting Locus of Global Climate Policy Leadership, *Transworld Working Papers*, 2013, 25 March (16).

53. OECD, Emission Permits and Competition, OECD Report, 2010, 6 June.

54. Rogge K S, Schneider M & Hoffmann V H. The Innovation Impact of the EU Emission Trading System: Findings of Company Case Studies in the German Power Sector, *Ecological Economics*, 2011, (70): 513 – 523.

55. Clo S, Battles S & Zoppoli P., Policy Options to Improve the Effectiveness of the EU Emissions Trading System: A Multi-criteria Analysis, *Energy Policy*, 2013, (57): 477 - 490.

56. Borghesi S, Montini M. The European Emission Trading System: Flashing Lights, Dark Shadows and Future Prospects for Global ETS Cooperation, *Transworld Working Paper*, May 2013, (26).

57. Perdan S, Azapagic A. Carbon Trading: Current Schemes and Future Developments, *Energy Policy*, 2011, (39): 6040 - 6054.

58. Skjærseth J B and Wettestad J., Making the EU Emissions Trading System: The European Commission as an Entrepreneurial Epistemic Leader, *Global Environmental Change*, 2010, (20): 314 - 321.

59. Anger N., Emissions Trading Beyond Europe: Linking Schemes in a post-Kyoto World, *Energy Economics*, 2008, (30): 2028 - 2049.

60. Daskalakis G., On the Efficiency of the European Carbon Market: New Evidence from Phase II, *Energy Policy*, 2013, (54): 369 - 375.

61. Sandbag. EU Emissions Trading Scheme Set to Lock in High Emissions Rather than Deliver Reductions Unless Caps are Tightened. Press Release, 25 May, 2010. http://www.sandbag.org.uk/site_ media/pdfs/press_ releases/Rescuing_ EU_ ETS_ press_ release.pdf, 最后访问日期: 2013 年 6 月 5 日。

62. De Cian E, Tavoni M. Do Technology Externalities Justify Restrictions on Emission Permit Trading, *Resource and Energy Economics*, 2012, (34): 624 - 646.

63. Clo S, Battles S & Zoppoli P., Policy Options to Improve the Effectiveness of the EU Emissions Trading System: A Multi-criteria Analysis, *Energy Policy*, 2013, (57): 477 - 490.

64. Hübler M, Löschel A., The EU Decarbonisation Roadmap 2050—What Way to Walk?, *Energy Policy*, 2013, (55): 190 - 207.

65. European Union. Directive 2003/4/EC on public access to environmental information and repealing Council Directive 90/313/EEC, 28 January, http://eur - lex.europa.eu/LexUriServ/LexUriServ.do? uri = OJ: L: 2003: 041: 0026: 0032: EN: PDF, 最后访问日期: 2013 年 6 月

5 日。

66. RGGI, Regional Greenhouse Gas Initiative: An Initiative of the Northeast and Mid-Atlantic States of the US. http://www. rggi. org/, 最后访问日期: 2013 年 6 月 5 日。

67. RGGI Updated Model Rule, 7 February 2013, http://www. rggi. org/docs/ProgramReview/_ FinalProgramReviewMaterials/Recommendations_ Summary. pdf, 最后访问日期: 2013 年 6 月 5 日。

68. Hepburn C. , Carbon Trading: A Review of the Kyoto Mechanisms, The Annual Review of Environment and Resources, 2007, (32): 375 – 393.

69. Hippard P. J. , Tierney S. F. , Carbon Control and the Economy: Economic Impacts of RGGI's First Three Years, *The Electricity Journal*, 2011, (24): 30 – 40.

70. The Western Climate Initiative (WCI). http://www. westernclimateinitiative. org/history, 最后访问日期: 2013 年 6 月 5 日。

71. Warren D. P. , Tomashefsky S. The Western Climate Initiative, *State and Local Government Review*, 2009, (41): 55 – 60.

72. The Western Climate Initiative (WCI), The WCI Cap and Trade Program, http://www. westernclimateinitiative. org/the – wci – cap – and – trade – program, 最后访问日期: 2013 年 6 月 5 日。

73. Platts, McGraw Hill Financial. Six US States Leave the Western Climate Initiative, 18 November, 2011, http://www. platts. com/RSSFeedDetailedNews/RSSFeed/ElectricPower/6695863, 最后访问日期: 2013 年 6 月 6 日。

74. Climate Action Reserve (CAR), http://www. climateactionreserve. org/how/projects/, 最后访问日期: 2013 年 6 月 6 日。

75. Sabbaghi O. , Sabbaghi N. , Carbon Financial Instruments, Thin Trading, and Volatility: Evidence from the Chicago Climate Exchange, *The Quarterly Review of Economics and Finance*, 2011, (51): 399 – 407.

76. Kim H. S. , & Koo W. W. Factors Affecting the Carbon Allowance Market in the US, *Energy Policy*, 2010, (38): 1879 – 1884.

77. Fox News. 11 November, 2010, http://www. foxnews. com/politics/2010/11/09/collapse – chicago – climate – exchange – means – strategy –

shift – global – warming – curbs/，最后访问日期：2013 年 6 月 5 日。

78. New York Times. 3 January，2011，http：//www. nytimes. com/cwire/ 2011/01/03/03climatewire – chicago – climate – exchange – closes – but – keeps – ey – 78598. html? pagewanted = all，最后访问日期：2013 年 6 月 5 日。

79. CNN news. 17 November 2011，英文原文 "The Chicago Climate Exchange，a pilot program for the trading of greenhouse gases in the U. S.，is shutting down for lack of legislative interest." http：//money. cnn. com/ 2010/11/17/news/economy/climate_ exchange/index. htm，最后访问日期：2013 年 6 月 5 日。

80. SAIN（2011），"Improved Nutrient Management in Agriculture-A Neglected Opportunity for China's Low Carbon Growth Path. Policy Brief 1".

81. Garry K. C.（2005），Managing Carbon in a World Economy：The Role of American Agriculture，Great Plains Natural Resources Journal，2005（9）.

82. Schnepf R.，"Energy Use in Agriculture Background and Issues"，UNT Digital Library，2004.

83. Hu B. and M. McAleer（2005），"Estimation of Chinese Agricultural Production Efficiencies with Panel Data"，Mathematics and Computers in Simulation，68（5 – 6）.

84. Zhang Y. et al.（2012），"Characterizing Spatiotemporal Dynamics of Methane Emissions from Rice Paddies in Northeast China from 1990 to 2010"，PLoS ONE，7（1）：e29156.

85. Chinese Academy of Sciences（2012），China's Sustainable Development Database，Available at：http：//www. chinasd. csdb. cn/tree. jsp.

86. Norse D.（2012），"Low Carbon Agriculture：Objectives and Policy Pathways"，Environmental Development，1（1）.

87. Ministry of Agriculture The People's Republic of China（2012）. Excerpt of China's 12th Five-Year Plan：Agriculture Part，Ministry of Agriculture website. Available at：http：//english. agri. gov. cn/Topics/12th/201204/ t20120428_ 4365. htm .

88. China to Tighten Rules to Pesticide Use，*China Daily*，2011.

89. Carbon farming initiative bills passed；now to get ready for them，2011 年 8

月 24 日。http：//www. claytonutz. com/publications/news/201108/24/ carbon_ farming_ initiative_ bills_ passed_ now_ to_ get_ ready_ for_ them. page.

90. Morgera E, Caro C B, and Duran G M, Organic Agriculture and the Law. 2012. Food and Agriculture Organization of the United Nations Report.

后　记

　　本书的撰写是一个"痛并快乐"的过程，一方面笔者在这个知识探索的学术追求历程中感到无比充实和快乐，那是一种宛如在浩瀚的学海采集美丽珍珠的欣喜。而另一方面这段辛苦耕耘的时光又是充满许多困难和挑战的，有思路不畅时的沮丧，有资料不足时的焦急，更有笔耕不辍时的辛劳……幸运的是在整个过程中，笔者并不是孤独的，笔者一直有包括中国社科院国际法所和法学所的许多老师、同事的悉心指导和关怀，有家人全力以赴的支持。可以说没有他们，就没有今天这本泛着墨香的书的诞生。虽然此时再华丽的文字都难以表达我的心声，我仍然希望借这篇短短的后记来表达我对他们由衷的感激，谢谢他们一路陪我前行。

　　首先，我要感谢我的导师——中国社科院国际法所的陈泽宪所长，感谢他从冗繁的行政事务和繁忙的学术研究之中抽出了许多宝贵的时间对我的研究给予指导和帮助。他渊博的学识、严谨的治学态度、创新性的思维方式和为人师表的谦逊风范，都让我受益匪浅，让我在跟他学做学问的同时，也学到了许多做人的道理。

　　其次，我还希望感谢中国社科院国际法所和法学所的老师们。特别是刘敬东老师、沈娟老师、刘洪岩老师、熊秋红老师、谢增毅老师和国际经济法研究室的所有老师和同人，谢谢他们在许多场合对我不吝赐教，在学习、生活的许多方面给予我无私的帮助，他们对我而言真的是亦师亦友。

　　再次，我还希望感谢国务院发展研究中心资源与环境政策研究所的常纪文副所长，感谢这位国内环境法研究领域的领军人物对我的提携和无私帮助，让我能够在环境法的研究领域迅速成长。

　　最后，我还要感谢我的家人。谢谢我的父亲、母亲和丈夫，在整本书的撰写期间，他们承担了几乎所有的家务，而且在我遇到挫折而心情沮丧的时候，给予了我很多精神上的鼓励和支持。感谢我可爱的女儿豆豆带给我的无尽欢笑和感动。我非常幸运有这样一个温暖的家，有这么多爱护关心我的师长给予我前行的力量。